啦A夢

學習大進擊①

學習方法通用機

目標100分！
大雄的大改造！

【角色原作】
藤子·F·不二雄
【審訂】濱學園

本書的閱讀方式

看完本書之後，你會更愛唸書

書中列出各式各樣的小訣竅，幫助各位小學生輕鬆學會如何唸書。

不懂唸書技巧，成績就很難進步。確實掌握訣竅，努力才會有成果，唸書也會變成開心的事情，懂得原理之後，考題都能夠迎刃而解。你會發現小學的學科都充滿樂趣，一定會因此湧現好奇和興趣。

看過下一頁的目次，你就會發現唸書不只是寫題庫，早睡早起使腦袋更清晰、明白早餐的重要性，這些觀念對唸書來說也很重要。

本書還另外詳細介紹如何寫觀察紀錄、如何整理書桌、如何制定一天的計畫表等，以及介紹各學科最有效率的學習法。

希望各位一字不漏的閱讀到最後，變得更加喜愛唸書！

目次

前言

靠自己拿到100分？

聽說下個月的國語段考會很難。
什麼！
完了！要是考不到五十分，我媽又要罵人了！
辛、辛苦你了……
哎呀，有什麼好煩惱的？
你們太小題大作。
你是在看不起我們嗎？
你說「小題大作」是什麼意思！

考試很簡單啊。
真的假的？
你知道什麼妙招嗎？
答案隨便寫寫，總會有猜對的時候。
怪不得你每次都考零分！
考試的話題不適合跟大雄聊。
畢竟大雄絕對不可能考一百分。
誰說的！

只要我有心，隨便都能考一百……
呃……九十分……不對，八十分沒問題！
分數怎麼越來越低！
總之大雄現在是在看不起我們就對了，
你要負起責任。
我、我要負什麼責任？
這次考試拿一百分怎樣？
如果你考不到一百分，就要用鼻子吃炒麵！
哪……哪有這樣規定的？

那如果我考一百分呢？
那就是我們用鼻子吃炒麵。
可是你必須靠自己考到喔。
就這麼說定了。
怎麼這樣……
這樣會不會賭太大？
放心，大雄絕對不可能考一百分的。
哆啦A夢！

就是這樣，所以快借我記憶麵包或電腦鉛筆！
不可以作弊！
你要拿一百分，就要靠自己努力。
沒有祕密道具，我怎麼可能考一百分？
說不行就是不行。
我死定了啦！
哇啊！

……
……
都怪我之前太好說話了。
咦？
我來這裡是為了幫助你成為堂堂正正的大人，
沒想到你卻越來越依賴我。
我沒有自信繼續下去了，
我要暫時休息一下。
哆、哆啦……
哆啦A夢！

怎麼辦？
じたばた
哆啦A夢回去未來了！
怎麼辦！
※慌亂不已
別擔心。
哆啦美！
事情我聽說了，所以我暫時代替哥哥過來幫你。
太好了……
不過，哆啦A夢，你還是要早點回來喔！
你就只知道依賴哥哥。
好的，快把記憶麵包拿出來吧！
不行。
那樣做是作弊。
你必須靠實力拿一百分才有意義！

哆啦美好兇喔。
當然，我跟哥哥不一樣，我會很嚴格。
可是，我怎麼可能憑實力考一百分？
一定可以的。
不靠道具作弊，也有方法考一百分喔。
真的嗎？
快、快點告訴我！

這是能夠看到過去和未來的「時光電視」。
原來如此！用這個就可以看到下個月的考題了！
並不是！
我是為了調查你為什麼每次都考鴨蛋。
調查？怎麼做？
我記得……你們班上成績最好的，是出木杉吧。
用這個可以看到出木杉的房間？
カチャカチャ

※喀嚓、喀嚓

※喀嚓、喀嚓
カチャ
カチャ
這樣子，我們就能參考出木杉昨天一整天的作息。
慢著！
※出現
別擔心，我已經取得他的許可了。
不是那個問題……
既然都要看，我比較想看靜香的一日作息。
……
……
我、我開玩笑的啦……

※喀渣、喀渣

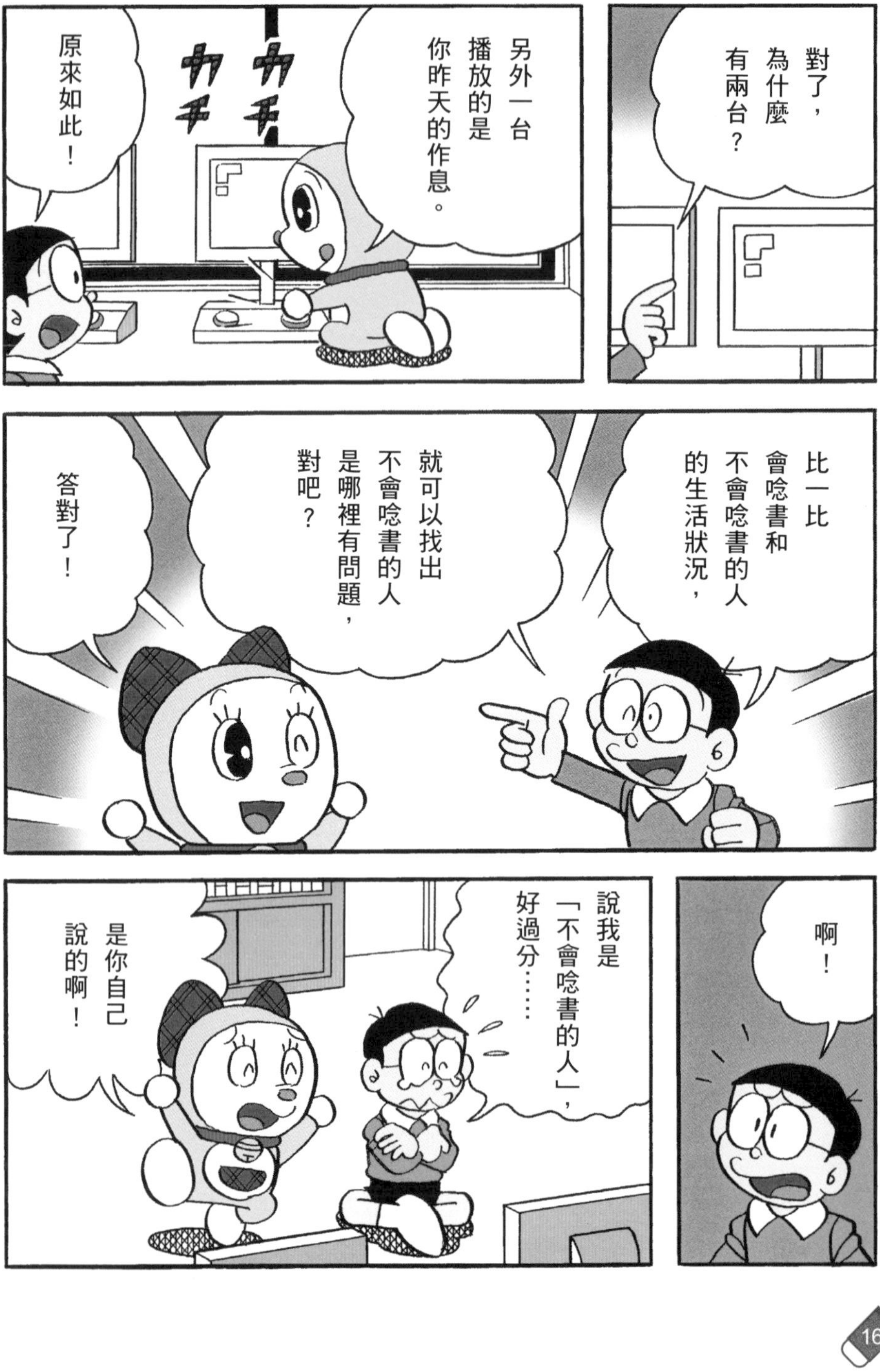

對了，為什麼有兩台？
另外一台播放的是你昨天的作息。
カチ
カチ
原來如此！
比一比會唸書和不會唸書的人的生活狀況，
就可以找出不會唸書的人是哪裡有問題，對吧？
答對了！
啊！
說我是「不會唸書的人」，好過分……
是你自己說的啊！

要播嘍。
我想到了！再弄一台來播放名人的一天吧！
無視
把開關打開。
カチ☆
※喀嚓
右邊是大雄的一天。
左邊是出木杉的一天。
會有哪些不同呢？
仔細看，找出不同的地方吧。

第一章
大雄的一天，出木杉的一天
大雄和出木杉的一天，開始播映。
右邊是我，左邊是出木杉。
大雄的一天
大雄！天亮了！快點起床！
大雄
出木杉的一天
鈴鈴鈴鈴鈴

大……雄——！
再十分鐘！要不然五分鐘也好！
※喀嚓
カチ
好舒服的早晨。
你睡夠了沒有！
再三十秒……
每天自己主動起床，真乖。
爸爸早。

算了，不管你了！
媽媽走掉了啦！
大雄！
啥？
什麼！已經這麼晚了！
為什麼不叫我起床！
已經叫過好幾次了啦。
要細嚼慢嚥喔。
再來一碗。
※刷刷
刷牙要仔細。
シャカ
シャカ
還有一點時間，
來練習數學吧。

※塞滿
今天有哪些課？
不知道！全部塞進去！
ギューッ
靜香來找你一起去上學。
知道了。
※奔跑
交給你收拾了！
喂！
ドドド
早安。
同學們早安。
交通安全

我去上學了！
鞋子、鞋子！
早。
你們今天也好早。
早安啊。
我現在沒閒工夫打招呼！
在老師來之前，先唸點書吧。
出木杉居然是自己起床！真不敢相信！
他的體內藏著一個大人吧？
你在胡說八道什麼啦！
※裂開

大雄，第一堂課是國語。
我找不到課本。
第一堂是國語課。
你居然不用看也知道課本在哪裡？
我找到了！老師你放心！
一定要把書包裡的東西全部倒出來才找得到嗎？
我是按照上課順序把課本放進書包裡。
整理得好整齊清爽！

※抽出來

現在我們來對作業的答案。
現在我們來對作業的答案。
我沒寫作業。
那你現在快點寫。
他全部答對。
不愧是出木杉同學！
我沒削鉛筆，沒有筆可以寫。
現在立刻削！
出木杉的鉛筆總是尖的。
我會在前一天先削好。
我忘了帶削鉛筆器。
用教室的削鉛筆機削！

啊！鉛筆盒裡有動物造型橡皮擦。
為什麼蓋上筆蓋？
這樣可以避免筆芯折斷。
來比比看傾斜成這個角度，哪一隻撐得比較久？
你給我趕快削！
ズズズ
※滑動
如果每個同學都跟出木杉一樣，老師就輕鬆多了。
ガリガリ
※嘎啦嘎啦
※哼、哼
如果每個同學都跟出木杉一樣，就不需要老師了啦！
プンプン
滿嘴歪理……

午休時間！我們去踢足球！
我不去。
足球？我要參加！
昨天打電動打到好晚，
我現在只想睡覺。
射門！
出木杉果然厲害！
明天該帶的東西別忘記帶。
終於放學了！今天要玩什麼遊戲呢？今天的點心是什麼呢？
把明天要帶的東西記下來。
※鼾、鼾

我想起來了！我沒有抄下要帶的東西，所以今天全班就只有我沒帶美勞用具！
那只能怪你自己了……
玩具店有超帥的模型。
真想要！
1300元
回到家立刻寫作業，還有預習和複習。
哇！是螞蟻大軍！
我們跟著去看看牠們要去哪裡吧。
你的作業寫完了嗎？
歡迎來玩。

我回來了。
怎麼這麼晚回來？快去寫作業！
我來煎鬆餅。
出木杉好能幹喔。
寫作業之前先吃個點心、看個漫畫。
喂！
給你帶回去吃。
謝了，明天見。
我在看漫畫的時候，他們兩人居然在做那種事！
太過分了！
改天我來教你做菜吧。

晚飯呢？
不用了，我零食吃太多了。
還不快去洗澡？
等我看完電視。
洗完澡就是打電動的時間！
今天一定要破關！
ピコーン
ピコーン
細嚼慢嚥才好消化，也有助於大腦發展。
嗯。
飯後看書消遣。
呵啊……
該睡覺了。
9:00
※嗶嗶

你作業寫完了？
再十分鐘！五分鐘也好！
ピコピコ
※嗶嗶
スヤスヤ
※酣睡
カチ★
※喀嚓
有什麼感想？
我和出木杉的一天作息差好多！
難道……
你幫助我考一百分的方法，就是要我模仿出木杉的作息？
答對了！

我怎麼可能像他那樣生活？
你不試試看怎麼知道？
我不要！我不想！
堅決反對！
不過……
你如果願意給我記憶麵包的話，我可以想辦法調整一下作息喔。
想都別想！

第二章
大雄要成為出木杉？

大雄，你現在知道自己考不到一百分的原因了嗎？
大概啦……
簡單來說就是你的生活態度很糟糕。
我就知道！
可是生活態度跟考一百分之間，沒有關係吧？
有關係喔。

擁有規律的生活，才能夠掌握唸書的節奏。
……
你是說，假如我按照出木杉的方式生活，一定能拿到一百分嘍？
這我不敢保證……
既然不是一定會拿到，我就不想做了。
你真是……
你講不贏他的。
哥哥。
要給我記憶麵包了嗎？
我只是來幫哆啦美而已。

用這個……
ひそひそ
謝謝，我會試試。
※竊竊私語
我走了。
你要回去了？
哆啦A夢！
我有好東西借你！
寫了就一定會執行的「預定記事本」。
一定會實現
預定記事本
比方說你這樣寫……
人 大雄
時 現在
地 自己房間
寫作業

寫什麼作業，我現在根本……
沒心情。
你說什麼！
我、我寫。
實現了吧。
這樣好像有點強迫中獎……
只要有這個道具，你就可以按照出木杉的方式生活了。
那就試試吧。
一定會實現
預定記事本
先寫下明天一天的計畫。
真的沒問題嗎？
接下來就期待明天的到來♡
一定會實現
預定記事本

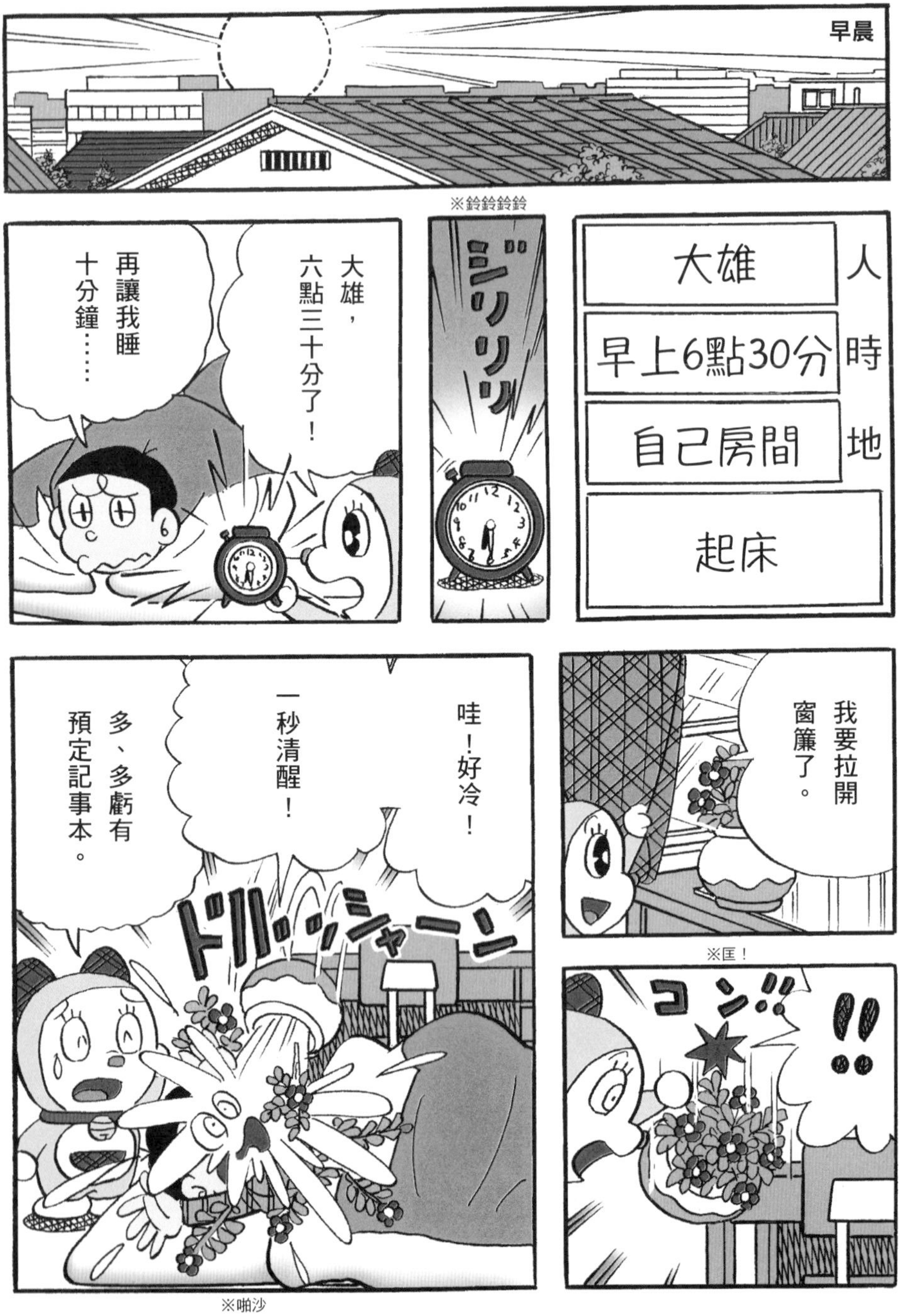

早晨
※鈴鈴鈴鈴
ジリリリ
人 大雄
時 早上6點30分
地 自己房間
起床
大雄，六點三十分了！
再讓我睡十分鐘……
我要拉開窗簾了。
※匡！
コン!!
!!
哇！好冷！
一秒清醒！
ドバッシャーン
多、多虧有預定記事本。
※啪沙

冷死了。
對不起。
我沒想到會是用這種方式叫你起床。

※潑水、潑水

人 大雄
時 起床後
地 盥洗室
洗臉

花瓶水好噁心。
好難得！你居然這麼早起床！

人 大雄
時 吃完早餐後
地 盥洗室
刷牙

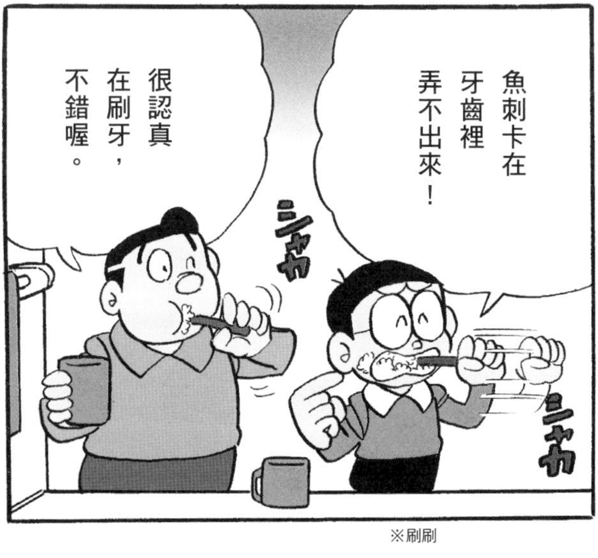
魚刺卡在牙齒裡弄不出來！
很認真在刷牙，不錯喔。

※刷刷

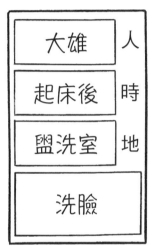

人	大雄
時	比平常早
地	
	出門上學去

今天早上我必須出門一趟，你快點去學校。
我去上學了……

人	大雄
時	上學途中
地	路上
	打招呼

這週是禮貌週。
要大聲打招呼。
早安。

嗯，很有精神，很好！
得到稱讚很開心吧？
可是一切都不是我自願的，感覺好怪……

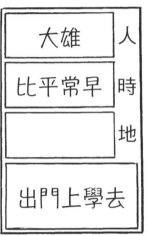

人 大雄
時 上課時
地 在教室
坐姿端正
背好癢，手抓不到。
※搔搔
ポリポリ
拿尺這樣抓癢。
※掉進去
ズボッ
啊！
※直挺挺
シャキーン
拿不出來！
哦哦！姿勢很端正！大家也要學學大雄！
人 大雄
時 打掃時間
地 教室
盡全力打掃
※咚咚咚
ドドドド
讓開讓開！別擋著我掃地！
哇！

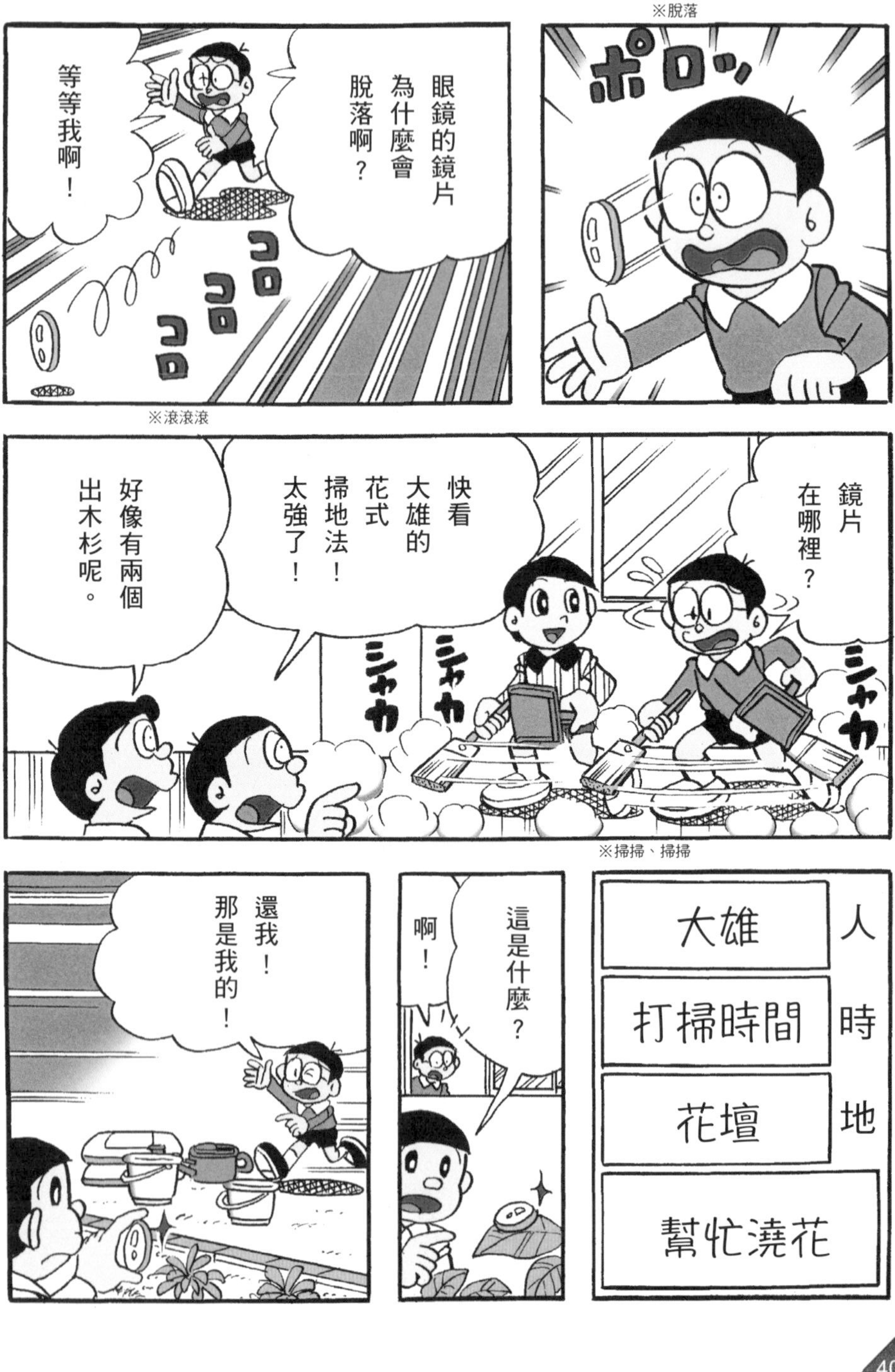

ポロッ
※脫落
眼鏡的鏡片為什麼會脫落啊？
等等我啊！
コロコロコロ
※滾滾滾
鏡片在哪裡？
シャカシャカシャカ
※掃掃、掃掃
快看大雄的花式掃地法！太強了！
好像有兩個出木杉呢。
人時地
大雄
打掃時間
花壇
幫忙澆花
這是什麼？
啊！
還我！那是我的！

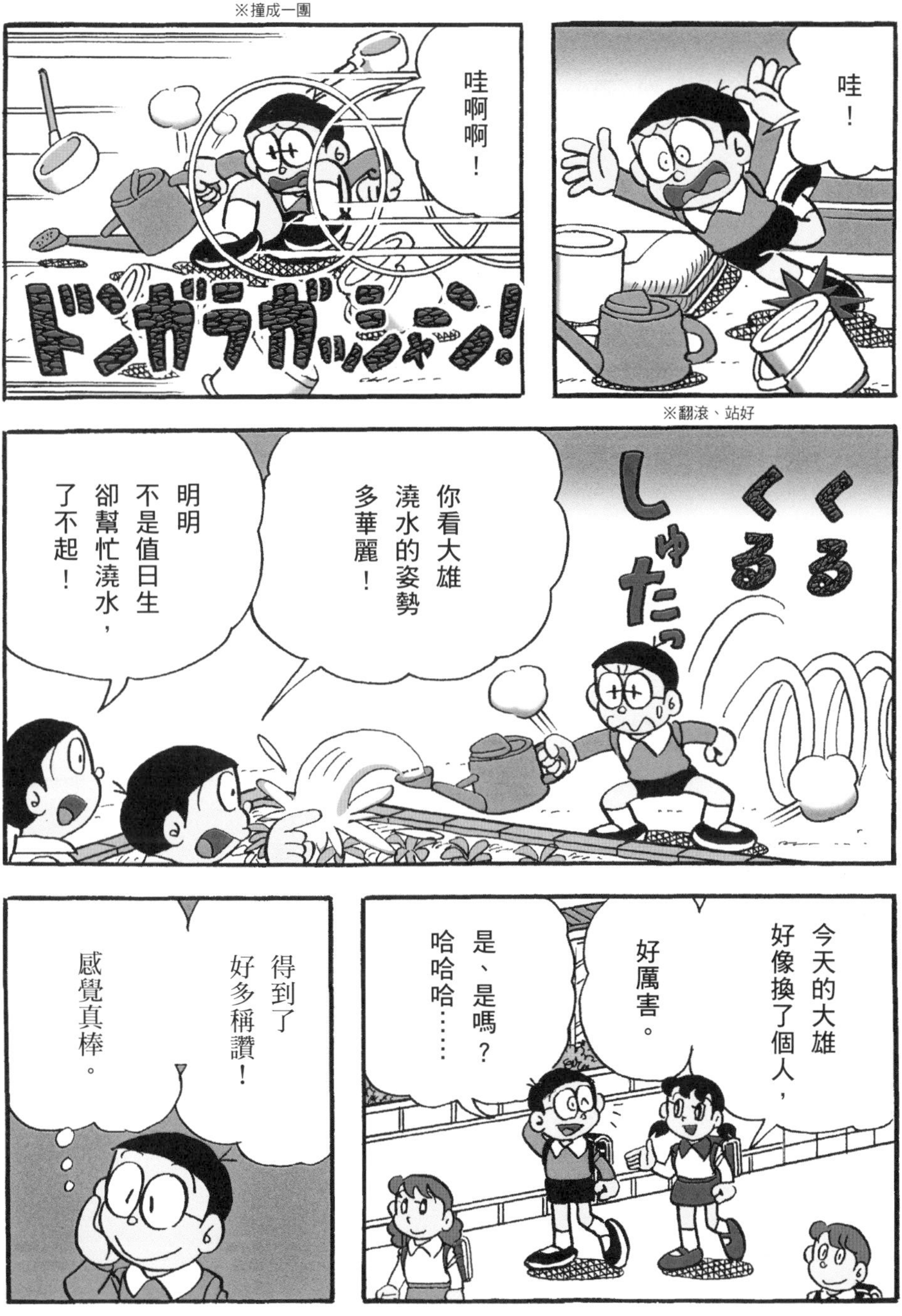
※撞成一團
哇啊啊！
ドンガラガッシャン！
哇！
※翻滾、站好
くるくるしゅたっ
你看大雄澆水的姿勢多華麗！
明明不是值日生卻幫忙澆水，了不起！
今天的大雄好像換了個人，好厲害。
是、是嗎？哈哈哈……
得到了好多稱讚！
感覺真棒。

如何？被人稱讚很開心吧？
沒錯。
可是，這是預定記事本的功勞，對吧？

※乾脆拒絕

那你以後可以試著自己積極主動行動？
きっぱり
辦不到。

人 大雄
時 到家後立刻
地 玄關
脫下鞋子擺好
我回來了！
カチャ
哇！
ドテッ！

※跌倒　※開門

抱歉，我在修理鞋櫃，黏著劑不小心漏出來了。
黏著劑
手也黏黏的。
大雄
人
到家後立刻
時
盥洗室
地
洗手
ジャーッ
黏著劑弄不掉。
大雄
人
到家後立刻
時
自己房間
地
寫作業
我剛好來到附近，順道過來看看你的作業呢？
正要寫！
まんが
※嘩啦
※漫畫

人 大雄
時 寫完作業後
地 在房間
準備明天上學要用的東西
老師，你要待到什麼時候？
等你準備好明天上學的東西。
人 大雄
時 睡覺前
地 自己房間
看書
呼——
睡前看看漫畫吧。
我全都拿去賣給收廢紙的人了。
那我打電動。
對不起，我不小心踩壞主機。
沒別的事情可做！
只好看書了。

人 大雄
時 9點
地 床上
睡覺
※啪
停電了！
明天早上才會恢復供電，只好睡覺了。
我一點也不想睡！
我受夠了！
放過我吧！
看來還是要自己主動改變才有用吧……

第三章
早睡是為了早起吃早餐！
ジリリリリ
※鈴鈴鈴鈴
ジリリリリリ
※鈴鈴鈴鈴
唔……
※驚醒
ジリリリリ
※鈴鈴鈴鈴
ジリリリ
※鈴鈴鈴鈴

※跳起
ガバッ
花瓶的水？
※東張西望
咦？
キョロ
キョロ
？
※吁～
ホッ
對了，今天沒用預定記事本。
既然這樣我就繼續睡了。
不可以！
早起很重要喔。
醒來要立刻打開窗簾、晒晒太陽。
太刺眼了！快住手！

醒來後晒太陽，動一動，吃早餐，生理時鐘才會啟動。
這點對於養成規律的生活習慣很重要。
生理時鐘？你什麼時候裝上的？
我才沒裝！
生理時鐘是指人類原本遵循的生活節奏。
生理時鐘啟動的十四小時之後，人就會變得想睡。
上午 6點30分
晚上 8點30分
14小時
所以早起自然就會養成早睡的習慣。

再說，充足的睡眠不僅對身體好，也能夠提高記憶力。
騙人。
※酣睡
我每天都睡很多，可是記性還是很差。
スヤスヤ
那個是午睡！
相反的，睡眠不足，大腦就無法整理前一天的記憶。
意思是會忘記好不容易記住的東西。

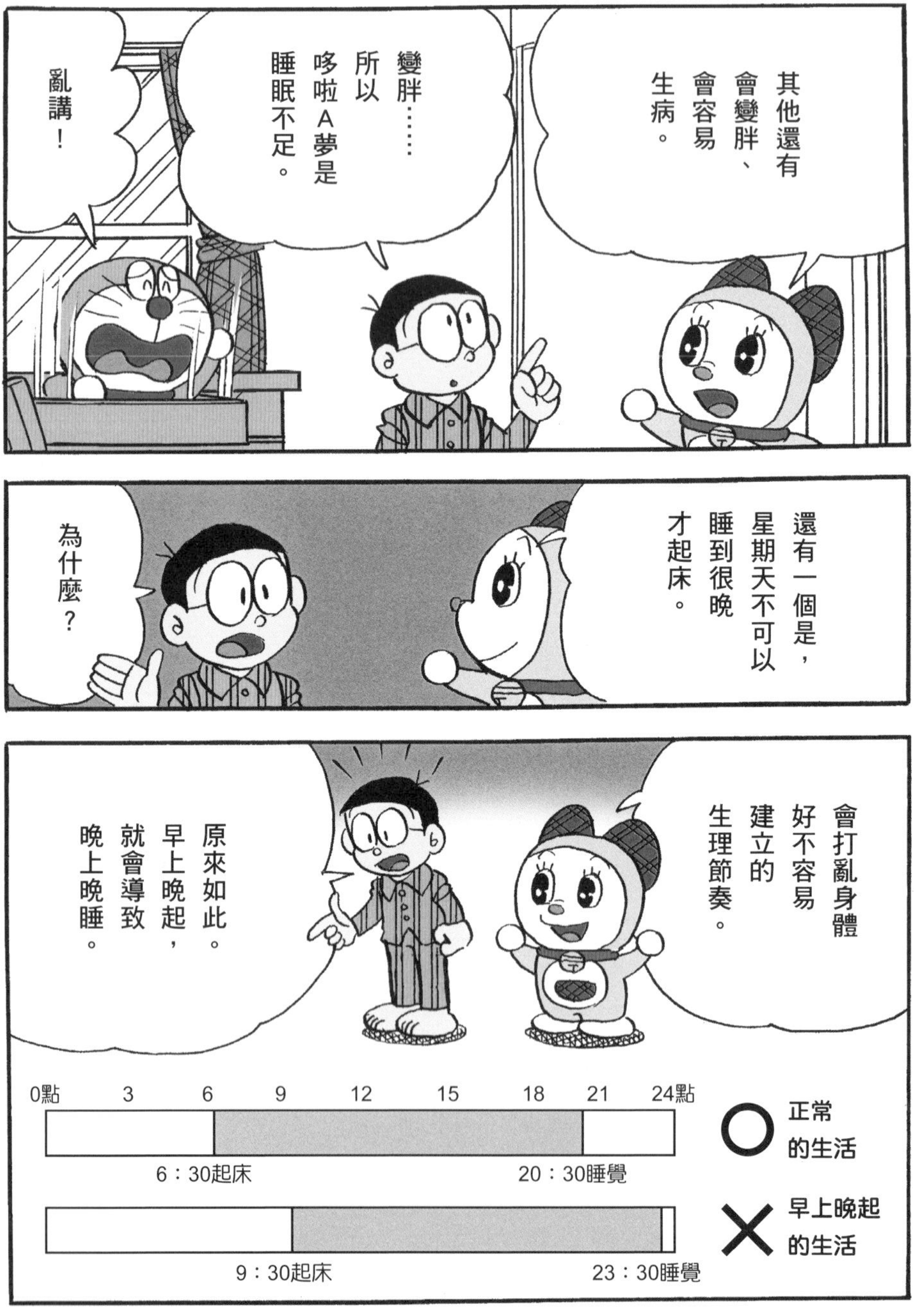
其他還有會變胖、會容易生病。
變胖……所以哆啦A夢是睡眠不足。
亂講！
還有一個是，星期天不可以睡到很晚才起床。
為什麼？
會打亂身體好不容易建立的生理節奏。
原來如此。早上晚起，就會導致晚上晚睡。
0點 3 6 9 12 15 18 21 24點
6：30起床
20：30睡覺
正常的生活
9：30起床
23：30睡覺
早上晚起的生活

這麼一來，星期一早上就會很難起床。
那星期二再努力早起不就好了？
「時光電視」。
你忘記沒考一百分，就要用鼻子吃炒麵嗎？
我忘了這件事！我醒了！我醒了！

專欄 1

一定要吃早餐

不吃早餐會妨礙腦力

養成早睡早起的規律習慣後，接下來就是要吃早餐。我們只要肚子一餓，身體就會沒力氣，同理，人腦所需的能量如果不夠，也無法順利運行。

人腦的能量來源是葡萄糖。人體消化米飯等主食所含的澱粉，變成葡萄糖，提供頭腦能量。

葡萄糖在我們睡覺時仍然會不停的消耗，因此到了早上，身體就會進入缺乏葡萄糖狀態。要讓腦一早就能清醒活動，你必須確實攝取米飯、麵包、穀片等主食，把作為能量來源的葡萄糖送進腦裡。

理想的早餐有助於提升成績

如果可能，早上建議吃米飯搭配含有大量蛋白質的食物，尤其是大豆和蛋，能夠幫助葡萄糖製造能量，可說是一舉數得。另外，蔬菜水果能夠幫助調整腸道，也是適合當早餐的食物。

相反的，如果不吃早餐，腦子的作用就會缺乏效率，導致你焦躁易怒，無法專心，而且記性變差。或許有些人讀到這裡，頓時明白自己有這些狀況的原因了。

日本政府過去進行的調查也顯示，吃早餐的孩子考試答對的比例，比不吃早餐的孩子更高。各位也要好好吃早餐，活力充沛的度過每一天！

第四章
大雄需要毅力！
可是我怎麼可能每天都早起？
這時就需要毅力了。
毅力？
也就是堅持貫徹到底的能力。
我比較喜歡「巧克力」。

要怎麼培養毅力？
重點是「平常就養成好習慣」。
例如早起。
整理房間。
幫忙跑腿、做家事。
字條
原來這麼簡單啊。

※哈哈哈
這些好習慣我一項都沒有。
居然說得這麼自豪！
我們就先從基本的好習慣開始培養起吧。
一開始很難做到所有的好習慣，
早起
整理房間
所以我們先從「早起」和「整理房間」做起。
好，我明白了，明天開始加油。
現在就動手！

那我去找出需要整理的東西。
你面前就有啊！
對了！
拿出來用的東西，用完要馬上放回原位。
沒錯！
我想到一個更好的方法！
為了省去收拾的麻煩，從一開始就別把東西拿出來用，
整天無所事事坐著就好啦。
你為什麼總是只想著要偷懶？

可是整理房間跟考一百分又沒關係！
有關係。
養成整理的習慣，你就會懂得愛惜物品，也能讓房間保持在隨時都方便使用的狀態。
房間乾淨整齊，你隨時都能夠立刻開始預習、複習、寫作業。
這樣啊……
我會養成任何時候都能早起和整理房間的好習慣。
就是要有這種氣勢！
ガラッ
明天再開始。
※喀啦

現在已經是晚上了啊！你不是要我早睡早起嗎？
你懂我的辛苦了吧？
幫幫我。
這是放大壞習慣的「改變壞毛病瓦斯」，
用這個讓他明白整理房間的重要性！
KUSEN
※噴
總之，明天早上加油。

隔天
星期天
ガバッ
※坐起
大雄，天亮了！
你說要早起的吧！
沒、沒錯！
我居然一下子就起床了！
因為你昨天早睡。
ジャーッ
※嘩啦
心情真舒暢。
你沒關水。
ジャーッ
※嘩啦
ドバシャーッ
※啪沙
哇！怎麼變噴泉了！

這是怎麼回事？
這是「改變壞毛病瓦斯」的效果。
KUSE GAS
什麼？你在我睡著後噴了那種東西？
如果不小心一點，你的下場會很慘喔。
感覺很恐怖。
※乒乒乓乓
我吃飽了。
カラン
※鏘啷
コロン
ガッシャ
ガッシャ
※叩囉、匡啷、匡啷
ドンガラ
ガッシャン
吃完飯就丟著碗筷不管！
快點收拾乾淨！

效果太強了。
可怕的瓦斯。
※刷刷
シャカシャカ
這麼一來我必須小心點。
※噗滋！
ブシューーッ
你沒把牙膏的蓋子隨手蓋上！
※扔、拉開
ガラッ
換衣服、換衣服！
ポイ
※喀噹
ガタン

※翻倒
ドサ
衣服脫了亂丟！
待在家裡就沒好事！
出去玩吧。
※咻
ビュウ
※轟
ドゴォ
你大門開了就不關！

※撢、撢
拜託你別忘記隨手關門！
我盡量……
哇！那是什麼？
啊！
※閃亮
ビカーッ
好刺眼！
你房間的燈開著沒關！
快去關燈！

那個瓦斯效果太強了！
你快點想想辦法！
你只能在瓦斯的作用消失之前自己小心。
好、好吧！
我會記得。
大雄，這個你昨天忘在教室沒帶走！
喂！我特地幫你送來，你為什麼要逃走？
一想到待會兒會出事，我就害怕到不敢靠近！
算我求你，快點養成隨手收拾的好習慣吧！

專欄 2

養成「眼睛看不見的學力」

什麼是眼睛看不見的學力？

各位知道，所謂的學力，可分為「眼睛看得見的學力」和「眼睛看不見的學力」兩種嗎？「眼睛看得見的學力」是指一般學校課業等培養的學力和運動能力。看學校的成績和測驗分數等就能夠知道的，稱為「看得見的學力」。

而另外一種「眼睛看不見的學力」是指前面漫畫中出現的「有毅力」、「能夠規律生活」、「能夠傾聽並體諒他人」的能力。其他還有忍耐、接納不同、願意下工夫花心思的能力等也包括在內。事實上這種「眼睛看不見的學力」，正是培養「眼睛看得見的學力」的根基與重心。

眼睛看不見的學力如何養成？

人一旦缺乏毅力，做事情就容易半途而廢，無法培養出能力。不管是在課業或興趣方面，若想要達成目標，最重要的就是每天兢兢業業的持續努力。就像哆啦美說的，平常堅持早睡早起，或者是在家固定幫忙做家事等，都是很好的訓練方式。

一到假日，也建議多和家人一起去美術館或博物館等地方走走，累積經驗。這類經驗越豐富，每次接觸到新事物時，就能夠更快、更輕鬆的進入狀況。

再來就是多看書。不管怎麼說，學習的基礎就是文字詞彙。認識更多詞彙，才有更多方式表達自己的想法。而且懂的詞彙越多，更能夠從不同的角度看事物。大量閱讀，一起養成眼睛看不見的學力吧。

第五章
親身體驗最重要！

不好了！
明天的自然課有小考！
機會來了！
就當是下個月國語段考前的練習吧。
對喔！
你看！我把東西放整齊了！
那是唸書前的心理準備！自然科小考要拿自然課本出來看才有用啦！

終於要正式開始唸書了！
我該怎麼準備考試呢？
小考的題庫呢？
這裡。
自然
「從幼蟲到成蟲的過程中，有些昆蟲會化成蛹，有些不會，請分別寫下這些昆蟲的名稱。」
自然
這個就只能背下來了。
有什麼背誦的好方法嗎？
自然
用口訣背誦如何？
口訣？

也就是拿某個詞彙的其中一個字，與其他詞彙的字合併在一起，湊成「口訣」。
怎麼合併？
比方說，會化蛹的昆蟲就是「秋風迎蟻蝶」。
鍬形蟲
蜜蜂
蒼蠅
螞蟻
蝴蝶
秋風迎蟻蝶
（鍬蜂蠅蟻蝶）
原來如此。像藏頭詩那樣湊成口訣來記。
不會化蛹的昆蟲就是「黃狼狼停產」。
蝗蟲
螳螂
蟑螂
蜻蜓
蟬
黃狼狼停產
（蝗螂螂蜓蟬）
這、這個湊得有點勉強。
大家也來挑戰自己湊出口訣吧。

靜香來找你一起唸書了。
太好了！
快考我哪些昆蟲會不會化蛹的問題。
好。
請問！
獨角仙會化蛹嗎？
獨、獨角仙？
口訣沒背到啊！怎麼辦？
大家實際去山裡觀察看看如何？
什麼？我正在唸書卻要我出門？

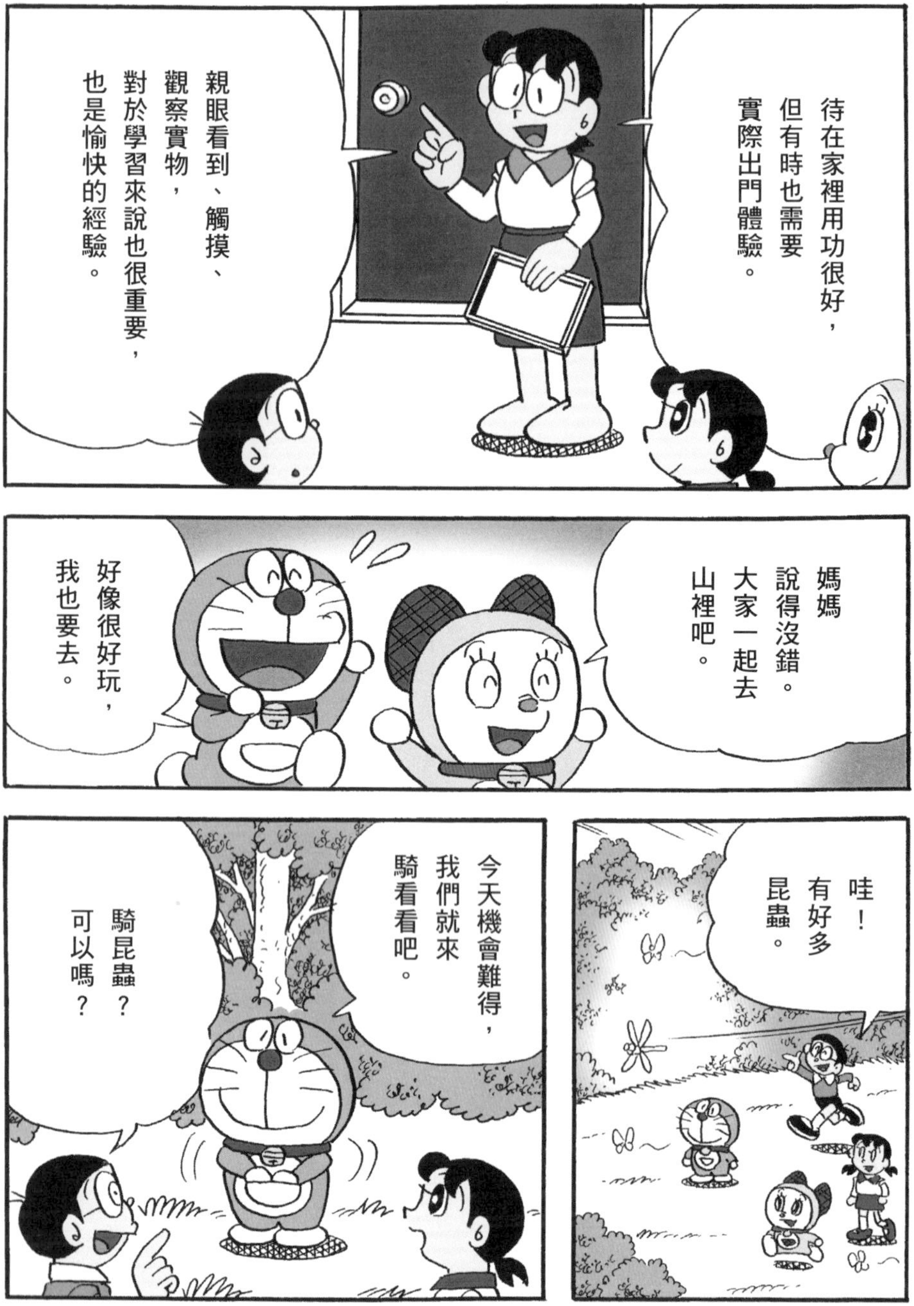
待在家裡用功很好，但有時也需要實際出門體驗。
親眼看到、觸摸、觀察實物，對於學習來說也很重要，也是愉快的經驗。
媽媽說得沒錯。大家一起去山裡吧。
好像很好玩，我也要去。
哇！有好多昆蟲。
今天機會難得，我們就來騎看看吧。
騎昆蟲？可以嗎？

「昆蟲飛機登機梯」。
我想要蜻蜓。
カチ
※喀嚓
好。
スポ
※吸入
ズボ
※咚
哇！好好玩！
ドギューーン
※颼颼
速度好快！

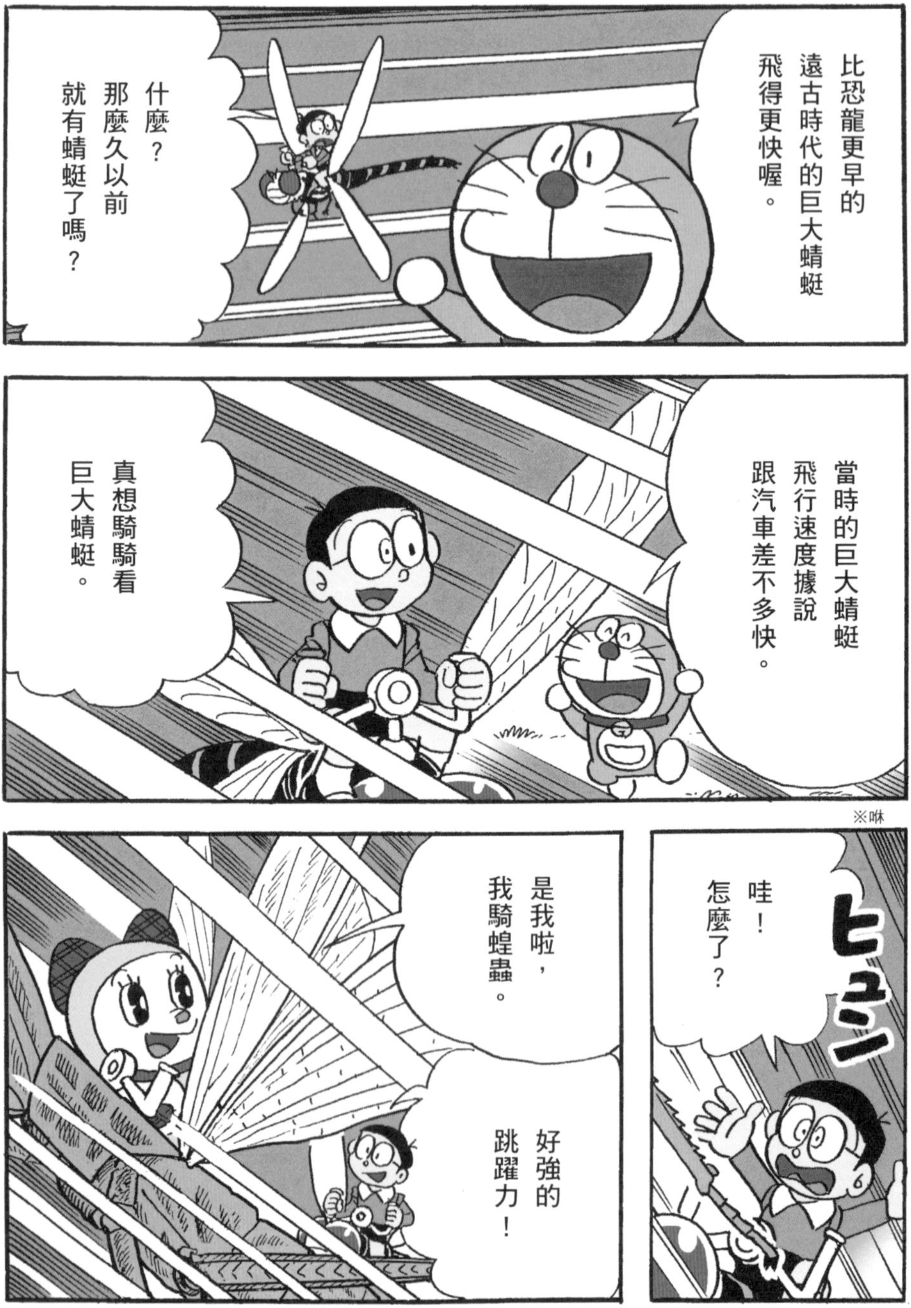
比恐龍更早的遠古時代的巨大蜻蜓飛得更快喔。
什麼？那麼久以前就有蜻蜓了嗎？
當時的巨大蜻蜓飛行速度據說跟汽車差不多快。
真想騎騎看巨大蜻蜓。
※咻
ヒュン
哇！怎麼了？
是我啦，我騎蝗蟲。
好強的跳躍力！

蝗蟲也是恐龍時代※就有嗎？
相當於蝗蟲祖先的生物是從古生代※就有哦。

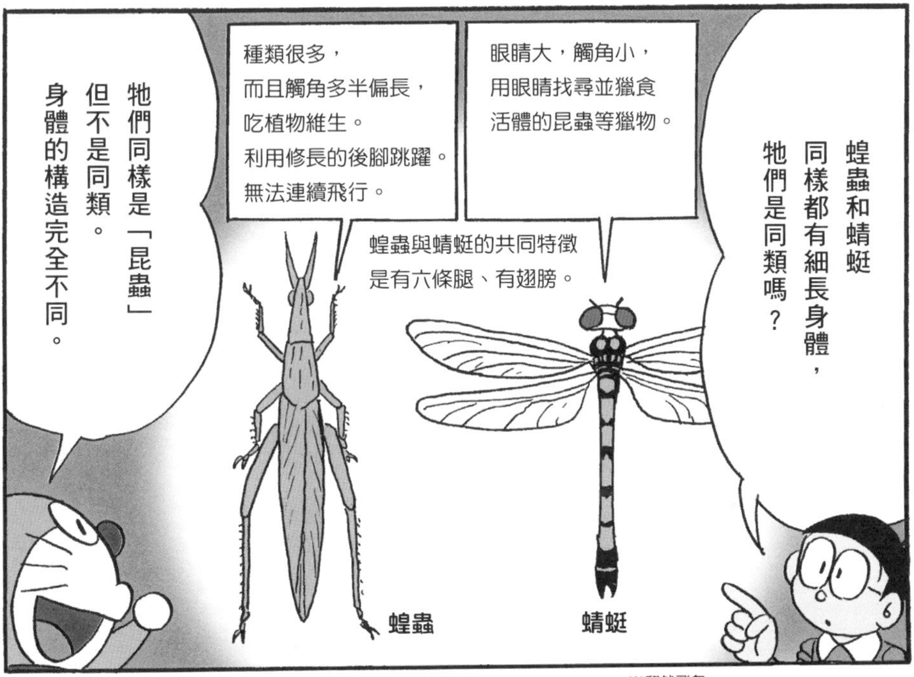
蝗蟲和蜻蜓同樣都有細長身體，牠們是同類嗎？
眼睛大，觸角小，用眼睛找尋並獵食活體的昆蟲等獵物。
種類很多，而且觸角多半偏長，吃植物維生。利用修長的後腳跳躍。無法連續飛行。
蝗蟲與蜻蜓的共同特徵是有六條腿、有翅膀。
蜻蜓
蝗蟲
牠們同樣是「昆蟲」但不是同類。身體的構造完全不同。

※翩然飛舞

ヒラ
ヒラ
靜香騎蝴蝶嗎？

※譯注：恐龍時代是距今大約兩億三千萬年前～六千五百萬年前。古生代是地質時代的年代之一，距今大約五億四千一百萬年前～兩億五千一百九十萬年前。

蝴蝶也是恐龍時代就有嗎？
目前發現最古老的蝴蝶化石，是新生代※的東西，所以恐龍時代或許沒有蝴蝶。
在恐龍時代之後，地球變得很冷，所以出現了化蛹渡過寒冷時期的昆蟲。
蝴蝶或許就是誕生在這段時期。
來看看我要騎哪個昆蟲呢？
哦？

※譯注：新生代也是地質時代的年代之一，是距今大約六千六百萬年前～今天。

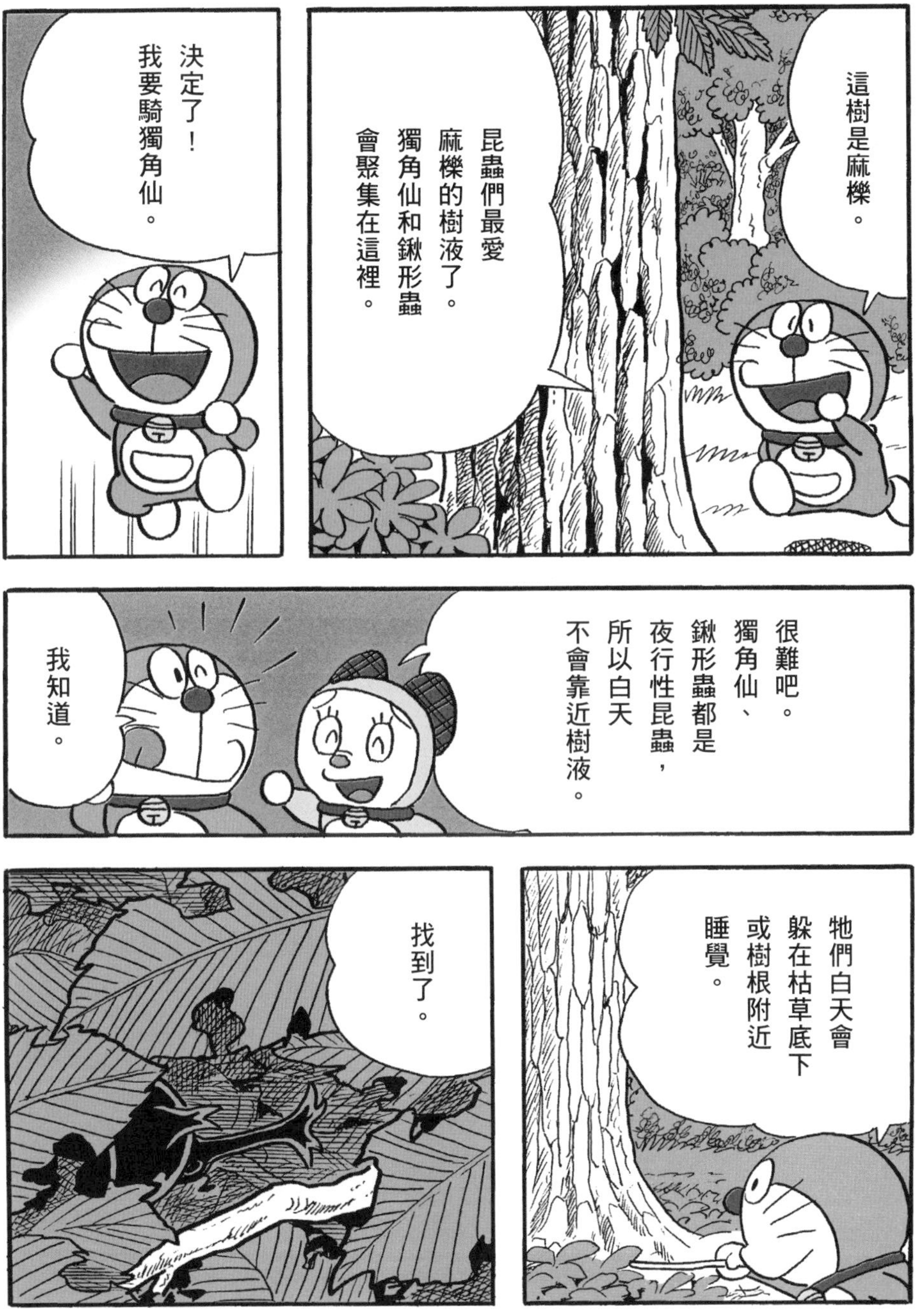
這樹是麻櫟。
昆蟲們最愛麻櫟的樹液了。獨角仙和鍬形蟲會聚集在這裡。
決定了！我要騎獨角仙。
很難吧。獨角仙、鍬形蟲都是夜行性昆蟲，所以白天不會靠近樹液。
我知道。
牠們白天會躲在枯草底下或樹根附近睡覺。
找到了。

哇！飛得好猛！
ゴオ
獨角仙、鍬形蟲等屬於「鞘翅目」的昆蟲（俗稱甲蟲），特徵是擁有類似盔甲的硬質前翅（稱為「鞘翅」）。
就像發光的堅硬黑寶石一樣。
提到寶石就想到「玉蟲廚子」。
那是什麼？

※轟

日本有一種工藝品，是利用「玉蟲※」這種甲蟲的翅膀製作。
國寶 玉蟲廚子（法隆寺收藏／高二・三公尺）
好美！
甲蟲是地球上種類最多的生物。
那甲蟲也是在很久很久以前就存在了嗎？
不，甲蟲出現在比其他昆蟲更後期的時代。
也就是說，甲蟲也會化蛹，對吧？

※譯注：「玉蟲」是「彩虹吉丁蟲」在日本的名稱。

這麼說來，蟑螂算是甲蟲嗎？
ひそ
ひそ
不是。
※小聲問
蟑螂是在比蜻蜓更早之前的時代就存在。
換句話說，蟑螂不會化蛹。
真好玩。
我因此學會了許多昆蟲知識。
來，考考你們。

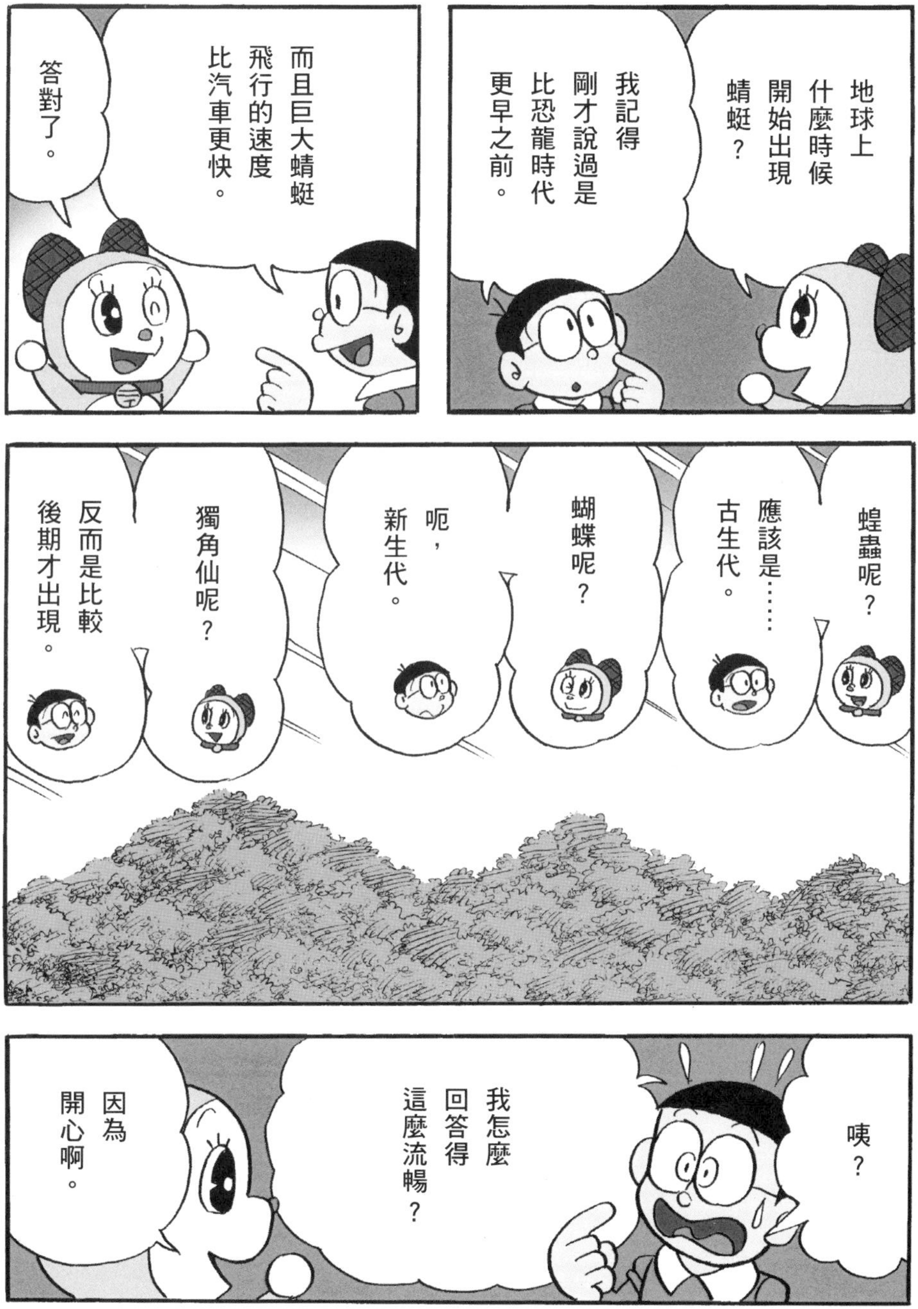
地球上什麼時候開始出現蜻蜓？
我記得剛才說過是比恐龍時代更早之前。
而且巨大蜻蜓飛行的速度比汽車更快。
答對了。
蝗蟲呢？
應該是……古生代。
蝴蝶呢？
呃，新生代。
獨角仙呢？
反而是比較後期才出現。
咦？
我怎麼回答得這麼流暢？
因為開心啊。

實際體驗不僅開心，還有助於強化記憶力。
原來如此！所以才會說體驗很重要！
好！從今天起我要多多體驗，達成考一百分的目標！
你總算決定認真面對了。
數學體驗！我看看……3×2＝6
你再去多買幾個！
這種花錢的體驗就免了吧！我的零用錢都花光了！

專欄 3

把體驗寫成觀察記錄

觀察記錄帶來新發現

就像大雄媽媽說的，實際體驗很重要。「看過」、「觸摸」、「調查」實物之後，把自己的體驗寫成觀察記錄，就能夠再次仔細審視、確認自己的體驗。假如你種植物，可以每天在固定時間把葉子的樣子或結出果實的過程記下來。寫下你飼養的寵物狀態，或你餵食抓到的昆蟲什麼食物，當然也都會是有趣的記錄。

寫觀察記錄的優點是，能夠發現平時沒有注意到的小小變化。如果是寫植物的觀察記錄，可以拿放大鏡等進行局部觀察，應該會有驚人的發現。

理想的觀察記錄整理法

觀察記錄以後仍會不斷的重複翻閱，如果有什麼有趣的發現，也會想要分享給朋友或家人看，因此，觀察的對象和內容建議用插畫或照片呈現，會更一目了然。尤其是觀察植物和昆蟲時，使用繽紛的色彩，更容易看懂。試試用彩色鉛筆或簽字筆做出顏色區隔吧。

另外，為了方便事後與其他幾天的變化互相比較，記錄內容最好一頁一天，最多不超過一個跨頁。插畫和照片的位置、標題的寫法等版面設計也要統一，才是一看就懂的觀察記錄。

別忘了在觀察記錄寫下觀察動機、希望透過觀察得到什麼收穫、觀察的方式、觀察得到的結論等。

大肚魚的觀察日記

日期 8月1日

插圖連細節也要仔細畫出來。把所有發現都寫下來。

肚子很大的大肚魚雌魚產卵了，生出來的魚卵大量黏在水草上

每天的照片也都以同樣角度、在相同條件下拍攝，事後更方便比較。

實驗筆記

待在同一個水族箱裡，雌魚會把魚卵吃掉，所以產卵後就把雌魚挪到另外一個水族箱裡。

一起觀察日常生活中的各種事物

①記錄牽牛花的成長過程

觀察春天播種之後，最先冒出的新芽，記錄從發芽到長出種子的過程也很有趣。這段觀察過程大約要花四個月，因此能夠培養毅力。牽牛花放在向陽處會長得更好，但一旦缺水，馬上就會枯萎，必須小心！

②觀察夜空

晴天的夜晚，可以抬頭仰望天空，觀察星星。如果可能，建議春、夏、秋、冬不同季節都進行觀察。請務必用自己的眼睛看看星座的移動、星星的變化等宇宙相關的各式謎團。

③觀察大肚魚的成長過程

家中有水族箱或金魚缸的人，可以挑戰飼養大肚魚，並觀察牠的成長過程。每天觀察你會發現雄魚與雌魚的不同、產卵的狀況等。

第六章 大雄愛上書了？

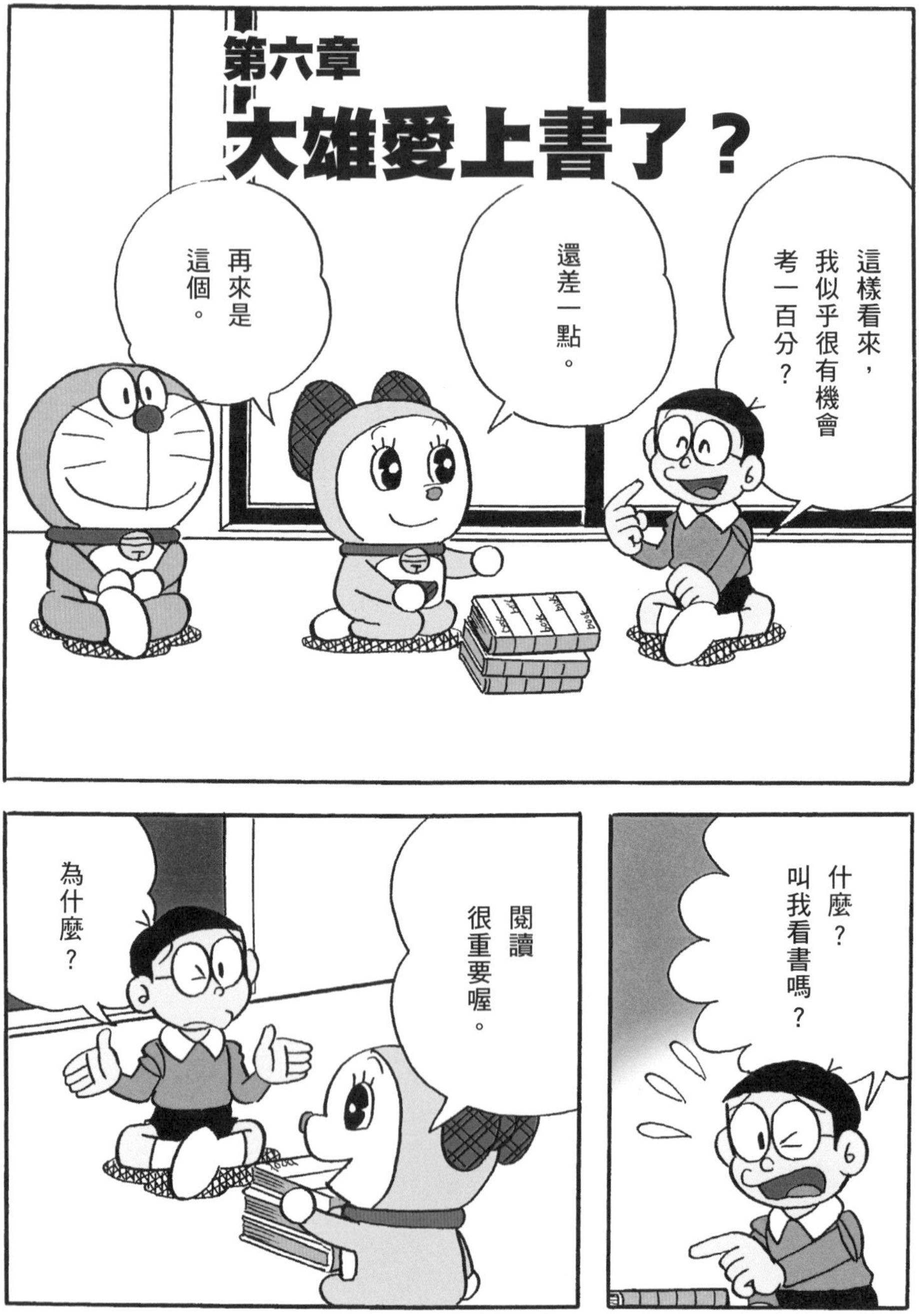
這樣看來，我似乎很有機會考一百分？
還差一點。
再來是這個。
什麼？叫我看書嗎？
閱讀很重要喔。
為什麼？

閱讀有助於訓練你對於文章的理解能力。
看到測驗題的內容，你就會知道如何想像，
因此能夠建立思考答案的捷徑。
作業
可是我通常看不到三頁就會睡著。
你看清楚。
什麼？
啊！
這、這是……

這是漫畫！
看漫畫，考試就能考一百分嗎？
透過閱讀養成的「閱讀能力」，是學習新事物時不可或缺的能力。
看漫畫當然也能夠培養出這種能力。
真假？

看漫畫就是理解「分鏡（格子）」的內容，「發揮想像力串連每一格的劇情」。
ゴゴゴ
ゴゴゴ
ビカ！
原來如此！
好！我要看書了！
這個學習法真棒！
等一下！
都是字的書也跟漫畫一樣有趣。
是嗎？
昔話
閱讀能夠學到新詞彙，所以閱讀文字書也很重要。
剛開始或許比較吃力，但也要看看字多的書喔。
※傳說 鬼島權左衛門

書中的故事的確很有趣，
可是眼睛要一直追著文字，好麻煩喔……
話是沒錯啦……
用「書的調味料」如何？
只要撒上去，不管什麼書都會變有趣喔。
※撒撒
昔話
おにがしま ごんざえもん
※傳說 鬼島權左衛門
太麻煩了，我不想看！
你試試嘛。
我覺得只是在浪費時間。

我看看……
權左衛門
登上鬼島
……
……
……
噗！
哈哈哈哈哈！
登上！
它寫
「登上」！
寫得太棒了！
這、這句話
有笑點嗎？
只有看書的人
會感覺有趣。
哇哈哈哈哈！
登、登上！
救命！
笑得好痛苦！
效果
也太強了。
你明天可以
把那本書
帶去上學。
班會的閱讀時間
就會變愉快囉。

第二天
今天的班會活動是看書。
請各位閱讀自己喜歡的書。
好！
閱讀
※安靜無聲
鬼島權左衛門去打鬼了。
呵……
呵呵呵……
呵！呵呵！
大雄，你怎麼了？肚子痛嗎？

哈哈哈哈哈！
打鬼！
居然去打鬼！
你、
你在整老師嗎？
不是啊，老師！它、它寫打鬼喔！你看這裡！
？
!!
哈哈哈哈！
打鬼！寫得太好了！
怎、怎麼回事？連老師都瘋了！
打鬼有什麼好笑的？

就是這樣，我跟老師兩人笑得太厲害，
結果沒辦法上課。
……變成反效果了。
我只是希望大雄愛上看書而已啊……
怎麼做才能夠愛上看書呢？
首先是找到喜歡的書。
可以請書店店員推薦，或是看看其他同學都看什麼書。
圖書館可以免費借閱，
所以能夠花時間慢慢找尋喜歡的書。

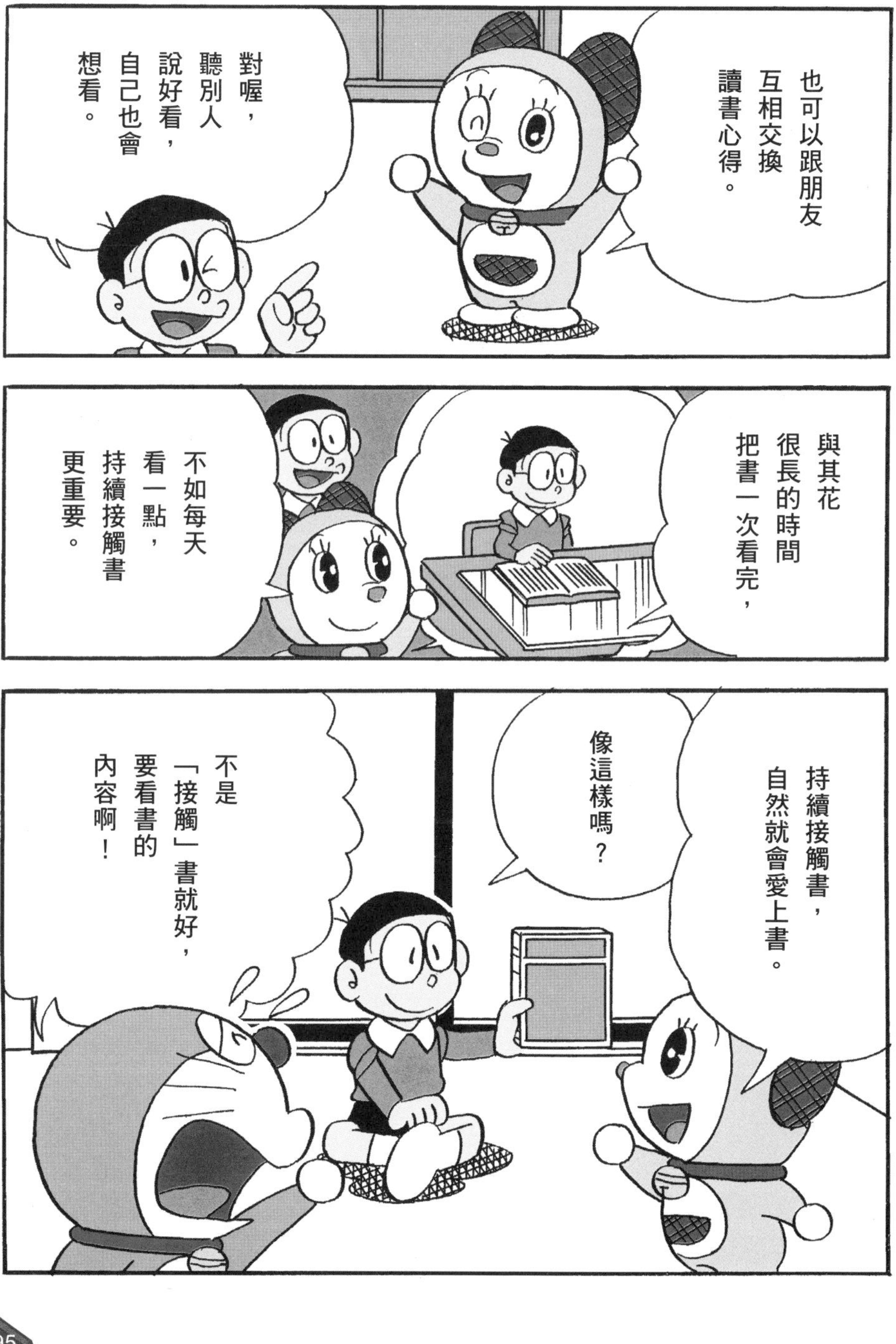
也可以跟朋友互相交換讀書心得。
對喔，聽別人說好看，自己也會想看。
與其花很長的時間把書一次看完，
不如每天看一點，持續接觸書更重要。
持續接觸書，自然就會愛上書。
像這樣嗎？
不是「接觸」書就好，要看書的內容啊！

專欄 4

必讀名著介紹

日本名著

《跑吧！美樂斯》

太宰治

故事描述信任與友情的美好。美樂斯能否說服不信任別人的國王，讓他明白信賴的可貴？推薦給喜歡驚險緊湊劇情的人。

《少爺》

夏目漱石

劇情講述甫自大學畢業的菜鳥老師「少爺」，身邊發生的諸多趣事。特立獨行的老師一個接著一個登場，各位的學校裡是否也有這樣的老師呢？

《蜘蛛之絲》

芥川龍之介

故事講述無惡不作的強盜犍陀多，試圖爬上佛祖垂下的蜘蛛絲離開地獄。內容很短，很適合沒有耐性閱讀長篇故事的人。

《大提琴手高修》

宮澤賢治

內容講述一位不擅長與人往來、對任何人都無法敞開心胸的青年，透過與動物們的交流，提升大提琴琴藝的故事。希望各位看看高修逐漸成長的過程。

世界名著

《飛行教室》

耶里希・凱斯特納

這個探險故事的舞台是耶誕季節的德國校園，主角是感情很好的五名少年。除了推薦男生閱讀之外，也推薦給平常就很好奇「男生在想什麼」的女生們。

《說不完的故事》

麥克・安迪

描述喜愛閱讀的懦弱少年巴斯提安，拯救書中的世界「幻想國」避免危機，自己也大幅成長的故事。這部名著適合喜愛魔法、傳說類題材的人閱讀。

《愛麗絲夢遊仙境》

路易斯・卡洛爾

內容是少女愛麗絲追著白兔、誤闖仙境的冒險故事。有三月兔、瘋帽、紅心女王等不可思議又充滿魅力的角色陸續登場。

《杜立德醫生非洲歷險記》

休・洛夫廷

故事講述能夠與動物對話的杜立德醫生，為了治療猴子們的疾病而前往非洲。醫生和可愛動物們的交流十分歡樂。

第七章
檢查書桌！
接下來要打造環境。
打造環境？
書桌必須整理成舒適、能夠立刻開始唸書的狀態。
簡單。
你看，我的桌面能夠容納一本攤開的筆記本喔。
パッ

※翻開

桌子這麼亂，怎麼可能愉快的唸書！
我又不在乎。
ゴン！
※撞到
拜託你在乎一下啊！
好啦，我整理整理。
ザラッ
※掃
好了！
你只是把東西撥到地上而已啊！
快把東西好好收進抽屜裡。
是是是。

※喀噠喀噠

※匡、噴出

打不開。
塞太多東西了！
ガタ
ガタ
打開了！
びょ~ん
ガコ
你的抽屜是驚喜箱嗎？
抽屜裡面滿滿的零食、貼紙、玩具！
全都是不需要的東西。
這樣子不是很難找到唸書需要的物品嗎？
圓規在哪裡？
不會啊。
什麼？你知道東西放在哪裡嗎？

不是，我會直接跑去玩，放棄繼續找，所以一點也不困擾。
這樣不行吧！
總之，我們先把不需要的東西扔掉。
怎麼可以扔掉?!
那些東西對我來說都有特殊意義！
可是這顆糖果都融化了，為什麼留著？
那是去年遠足時，靜香給我的重要糖果！

這個不但融化，而且還跟迷你車模型黏在一起的橡皮擦呢？
那是胖虎送我的迷你車和運動會參加獎的橡皮擦，都很珍貴。
這本黏膠融化、黏住所有頁面翻不開的貼紙收集冊呢？
那是我跟很多朋友交換、好不容易才收集到的貼紙！
這些全都是很重要的東西！
我不想丟掉！
重要的東西的確不能丟。
怎麼辦呢？

交給我吧。
你要拿出厲害的道具嗎？
不是，我去問媽媽。
倉庫裡可以清出一小塊位置讓你放東西。
我整理過了。
太好了。
總而言之，書桌只能放唸書要用的物品。
我記住了。

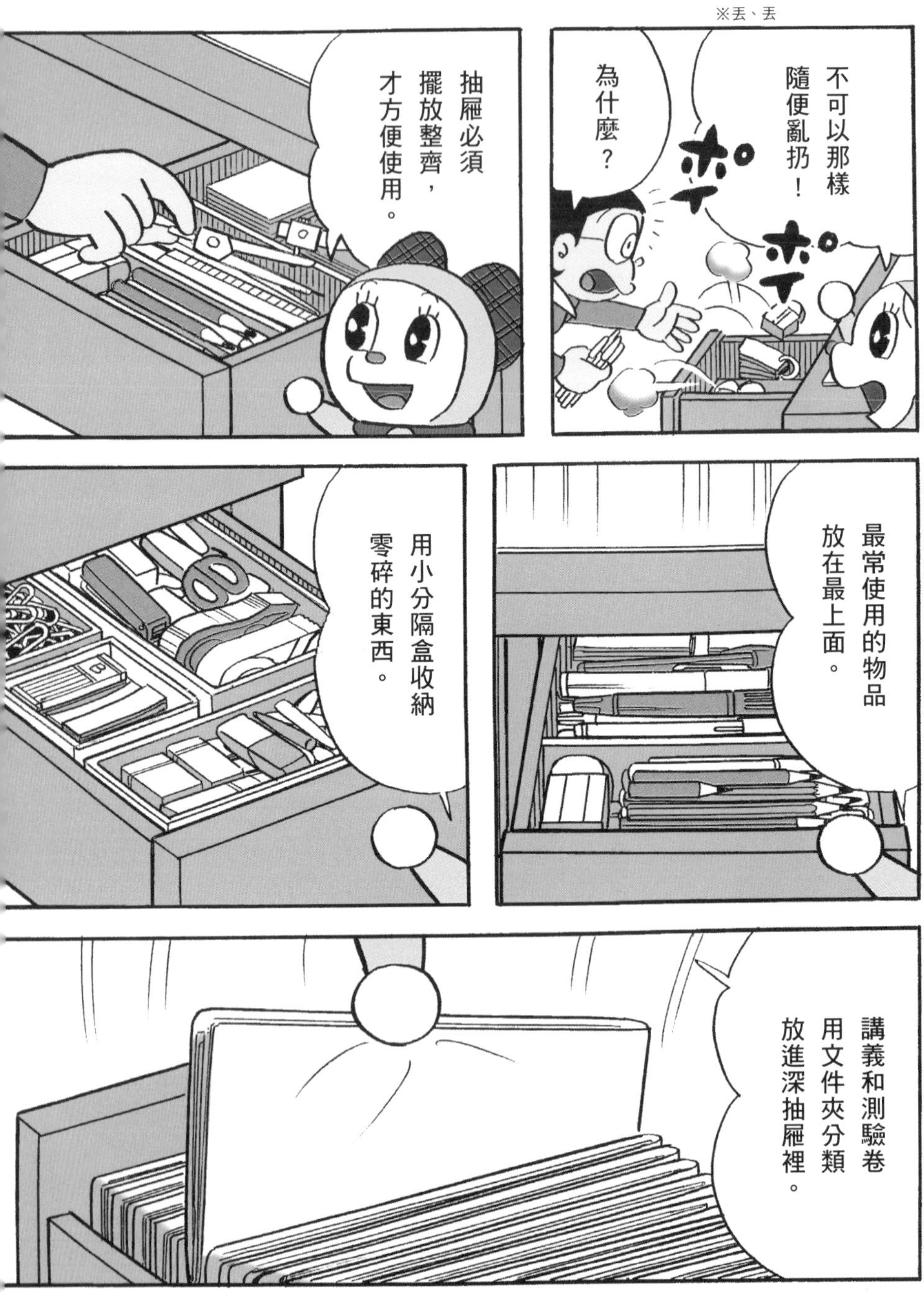
※丟、丟
不可以那樣隨便亂扔！
ポイ
ポイ
為什麼？
抽屜必須擺放整齊，才方便使用。
最常使用的物品放在最上面。
用小分隔盒收納零碎的東西。
講義和測驗卷用文件夾分類放進深抽屜裡。

課本和參考書放在書桌旁的書櫃上，方便取用。
桌面上盡可能保持乾淨，不要放任何東西。

※清爽乾淨

スッキリ
這樣放學回來，就可以立刻坐到書桌前了。
真的！看起來好棒！

那現在就來動手做模型。
應該用來唸書啊！

呃！
我正準備要認真，腰卻痛了起來。
覺得很累。
一定是椅子不好，
快拿新椅子出來吧。
不是椅子的關係。
什麼？
難道是書桌？
這張書桌被詛咒了？
怎麼可能?!

只是因為椅子的高度不適合大雄的身高而已啦。
這麼說來，這張椅子的高度，從小一之後就沒有調整過了。

椅子的高度必須配合身高調整，否則唸書時姿勢不良，很快就會累。
要這樣坐啊。
正確的姿勢
姿勢正確，才能夠養成持久力與專注力。
後背不能靠著桌子和椅子。
・腳要正好能夠踩地。
・坐下時，膝蓋的角度大約是90度（直角）～100度左右。
・書桌桌面的高度，大約在肚臍的位置。

好，椅子搞定，可以動工了。
就跟你說要唸書啊！
這樣還不夠喔。
哪裡不夠？
檯燈要放在身體的正前方，或是非慣用手的方向。
為什麼？
如果放在慣用手的方向，影子就會落在書上，
長時間看著亮度不夠的地方，對眼睛不好。
原來是這樣。

再來就是光線要由上往下照，才不會射進眼睛。
原來如此。
真的有差耶！變得很亮很清楚。
這樣子眼睛就不會累了。
你真是夠了！
這些也拿去倉庫放。
唉……

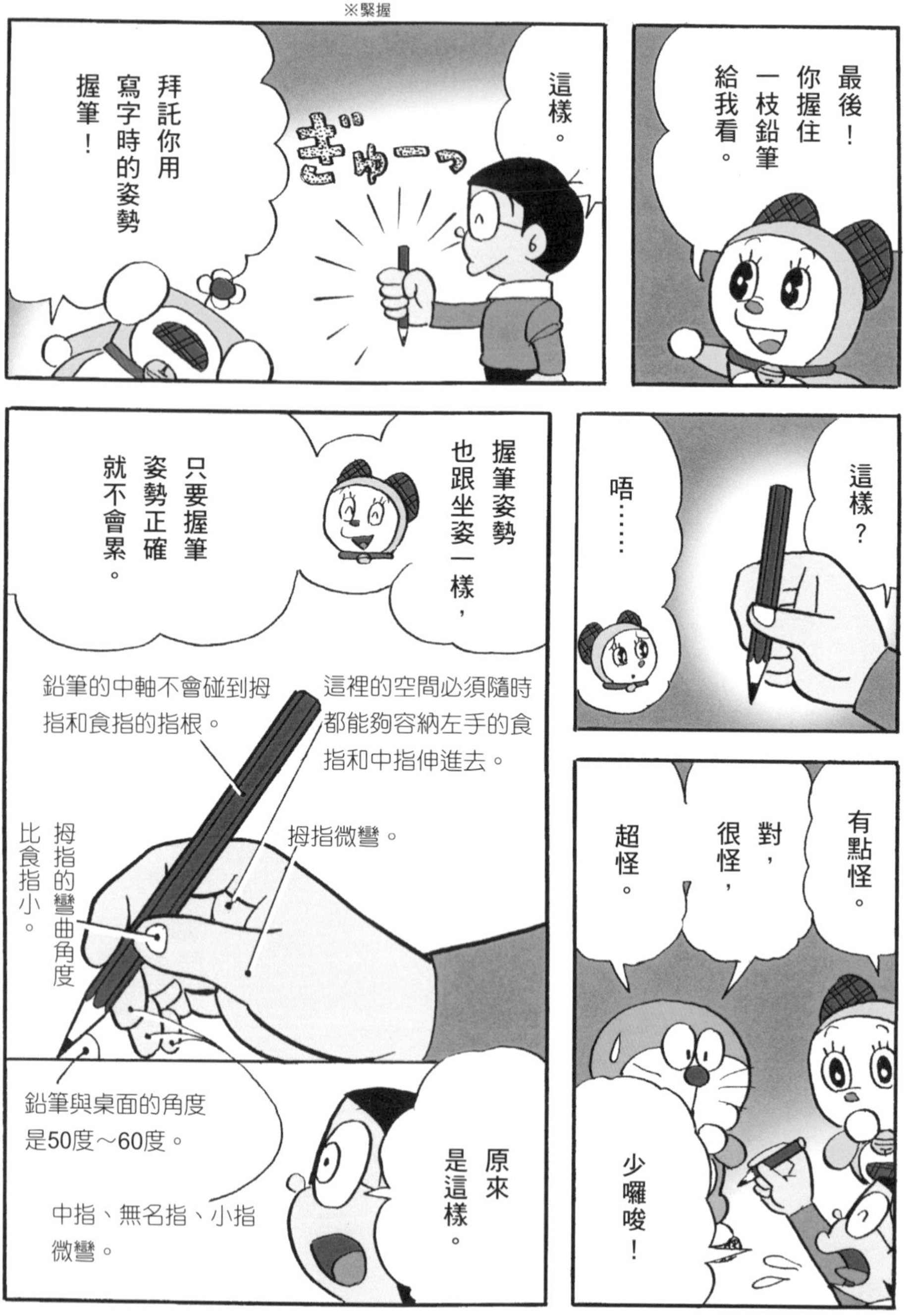

最後！你握住一枝鉛筆給我看。
這樣。
ぎゅーっ
※緊握
拜託你用寫字時的姿勢握筆！
這樣？
唔……
握筆姿勢也跟坐姿一樣，
只要握筆姿勢正確就不會累。
這裡的空間必須隨時都能夠容納左手的食指和中指伸進去。
鉛筆的中軸不會碰到拇指和食指的指根。
拇指微彎。
拇指的彎曲角度比食指小。
鉛筆與桌面的角度是50度～60度。
中指、無名指、小指微彎。
原來是這樣。
有點怪。
對，很怪，
超怪。
少囉唆！

可是，突然叫我改變握筆姿勢，感覺很奇怪。
你只要平常多留意，慢慢改過來就好。
好。
到這裡，書桌就整理完畢了。
接下來就馬上開始……
睡午覺。
スヤ
他真的有心要考一百分嗎？
看樣子最大的問題是人。

※酣睡

專欄 5

整理書桌的方法，以及鉛筆的握法

首先選擇適合唸書的桌椅

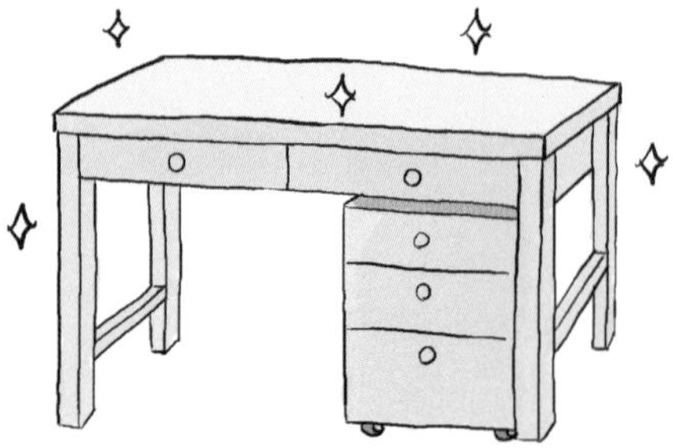

如果可以，書桌請盡量選擇簡單、沒有與書架一體成形的款式。面前多了書架，很容易不自覺增加不必要的物品，有時回過神來才發現書桌已經變成置物架。再者，桌面的書架很高的話，尤其容易產生壓迫感，必須留意。

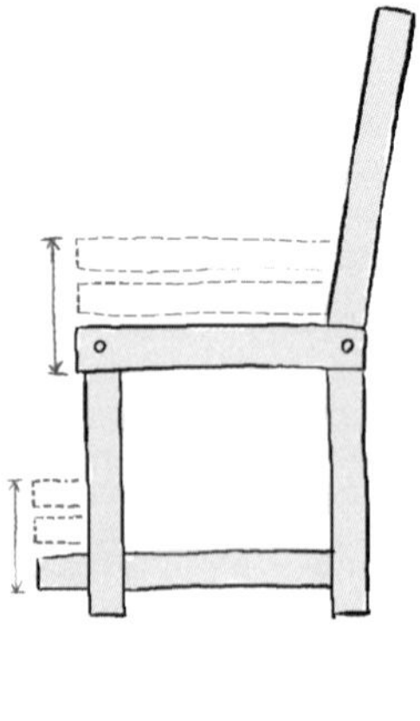

挑選椅子時，最好選擇椅面高度能夠調整的款式，即使長高了，也能夠以正確的坐姿坐下。太硬的椅子容易讓屁股坐得很痛，當然不適合，但相反的，太軟的椅子長時間坐下來也很容易累，必須小心。另外，有輪子的椅子容易讓人分心，因此也要避免。

書桌的整理方式與文具的挑選方式

唸書時，產生「我要開始了」的念頭很重要。因此，桌上最好隨時都只擺放必要的物品。

不建議使用上面有動漫角色，或附有削鉛筆器的鉛筆盒。最好選擇簡單、可使用很久的款式。馬口鐵材質的鉛筆盒如果掉在地上，會發出很大的聲響，干擾上課，因此也不建議選購。

橡皮擦請選擇較大且柔軟的，太硬的容易擦破筆記本。

筆記本建議使用B5尺寸的（25.2×17.9cm）。國語課適合方眼筆記本（格子約1公分或2公分），數學課則適合空白筆記本。

鉛筆和自動鉛筆建議選擇書寫時較不費力的硬度，例如：HB或B。H以上的筆芯偏硬，長時間書寫容易疲勞，必須注意。

漫畫中也有介紹到，握筆的方式如果不對，很難專心唸書。建議各位再次檢查看看自己的握筆方式是否正確。

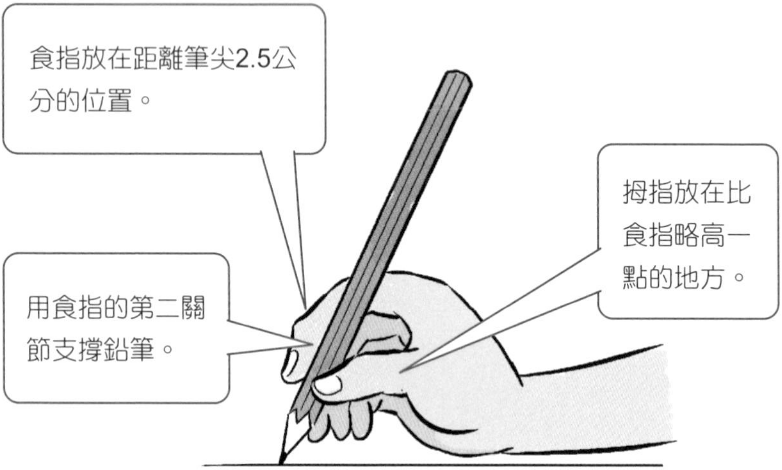
食指放在距離筆尖2.5公分的位置。
拇指放在比食指略高一點的地方。
用食指的第二關節支撐鉛筆。

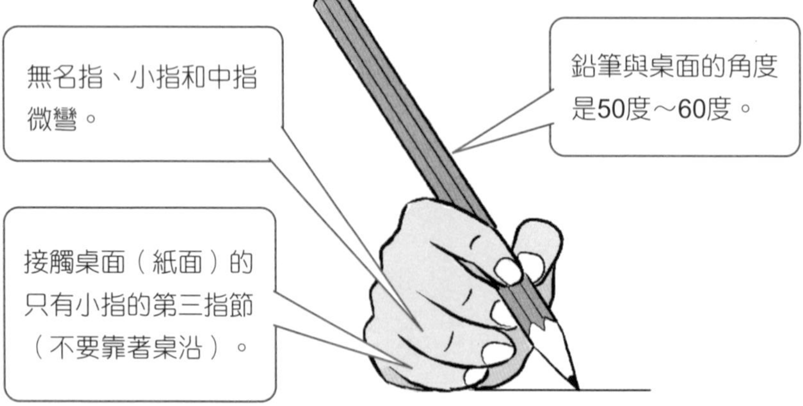
無名指、小指和中指微彎。
鉛筆與桌面的角度是50度～60度。
接觸桌面（紙面）的只有小指的第三指節（不要靠著桌沿）。

第八章
「即刻開始」唸書！

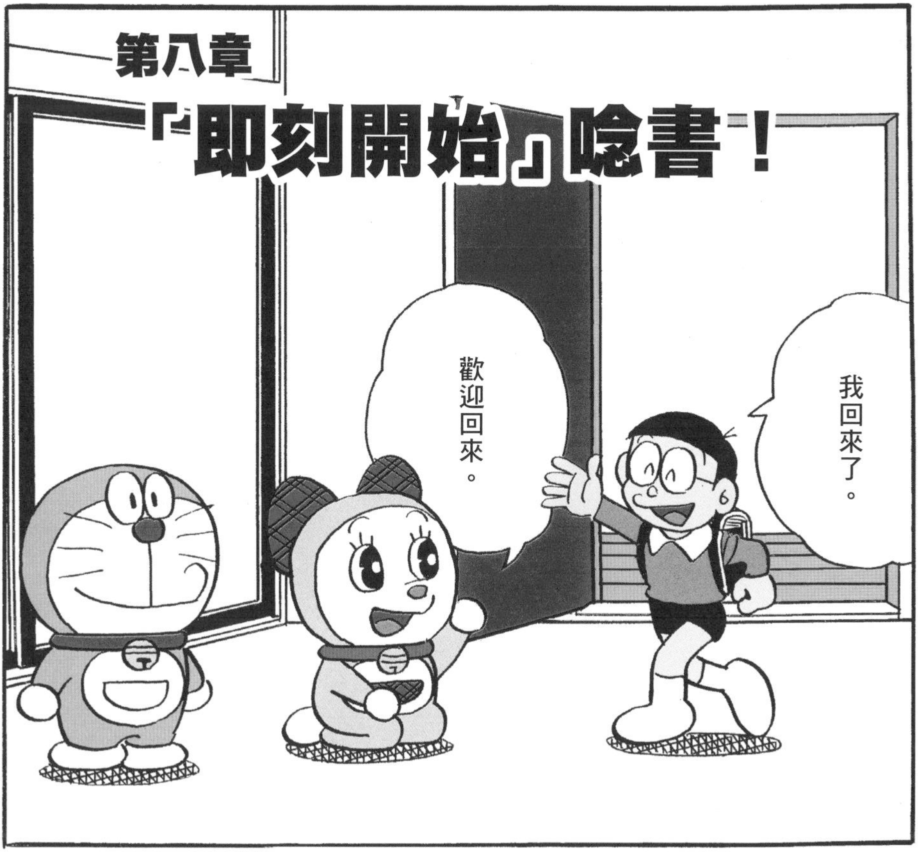
我回來了。
歡迎回來。

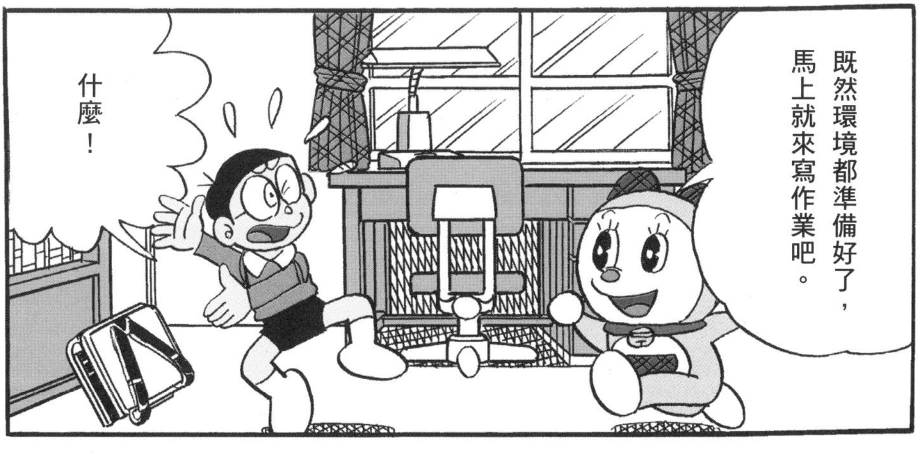
既然環境都準備好了，馬上就來寫作業吧。
什麼！

讓我休息一下嘛。
你這樣要休息到什麼時候才要開始寫作業？
我等一下就會寫！
你每次說等一下會做，都真的有做嗎？
現在如果放棄，你前面做的一切就白費了！
目標一百分！讓小夫和胖虎他們嚇一跳！
好啦，我做就是了！

唉～
我看看……
ガラッ
※喀啷
小鉛筆比賽！來看看冠軍是什麼顏色？
你這是在做什麼啦！

你先把今天的作業全部拿出來。
好啦。
我收在哪裡呢？
我記得是夾在筆記本裡……
等等！還是我把它揉成一團塞在鉛筆盒裡了？
……
終於找到了！太好了！
又不是在搓湯圓……
不過就是把作業拿出來而已，為什麼可以亂成這樣？

作業要放在固定位置，方便隨時拿出來。
原來如此。
這些就是今天的作業吧。
現在開始計時三十分鐘，把這些全部寫完。
三、
三十分鐘！
只有三十分鐘怎麼夠！
你沒看到有這麼多嗎？
如果沒有時間限制，你一定會拖拖拉拉！

看看這裡。大雄的行為造成的惡性循環。
花太多時間寫作業和唸書。
因此討厭寫作業和唸書。
討厭寫作業和唸書，所以總是拖拖拉拉到最後才做。
拖拖拉拉不想做，所以總是花很多時間才做完。
太厲害了！完全說中了我的心情！
哆啦美果然了不起！你很了解我呢！
所以我要放鬆一下。
那就是惡性循環的開端啦！

※加油！加油！
你現在需要改變你的生活態度！
來，三十分鐘！
フレーフレー
太難了吧！三十分鐘我連一題都寫不完！
沒辦法，給你喝這個。
喝下後，你的身心行動速度就會加快。
快速劑
「快速劑」。
※吞
我試試。
コックリ
※加速
咦咦……
ズズズ
身、身體……

※刷刷刷刷

身體全速動起來了！
チャッ
チャカ
チャカ
チャッ
好了！
只花一分鐘就全部寫完了！
真、真不敢相信！
只要夠專心，不喝「快速劑」也能在三十分鐘內完成喔。下次試試。
唸書寫作業時，只要有「很難」、「很麻煩」等想法，你就會開始拖拖拉拉，變得越來越不想做。
拋開那些念頭，想辦法盡快做完，就是寫作業的訣竅。

做完後，就是自由活動時間。
你喜歡做什麼就做什麼。
咦？大雄人呢？
他以超快的速度跑出去了。
好，來玩嘍！
要去哪？要玩什麼？
チャカ
チャカ
啊，小夫！
來玩！

※咻咻

好啊，要玩遙控車嗎？
還是來我家打電動？
都可以，快點就對了！
哦！我也要加入。
要玩就玩足球。
我等不及了！我去找靜香玩。
ドギューン
靜香的家還沒到嗎？
還沒嗎？
到了沒啊？
チャカ
チャカ
※快速奔跑
※咻
※撞飛
太浪費時間了！
這陣風是怎麼回事？

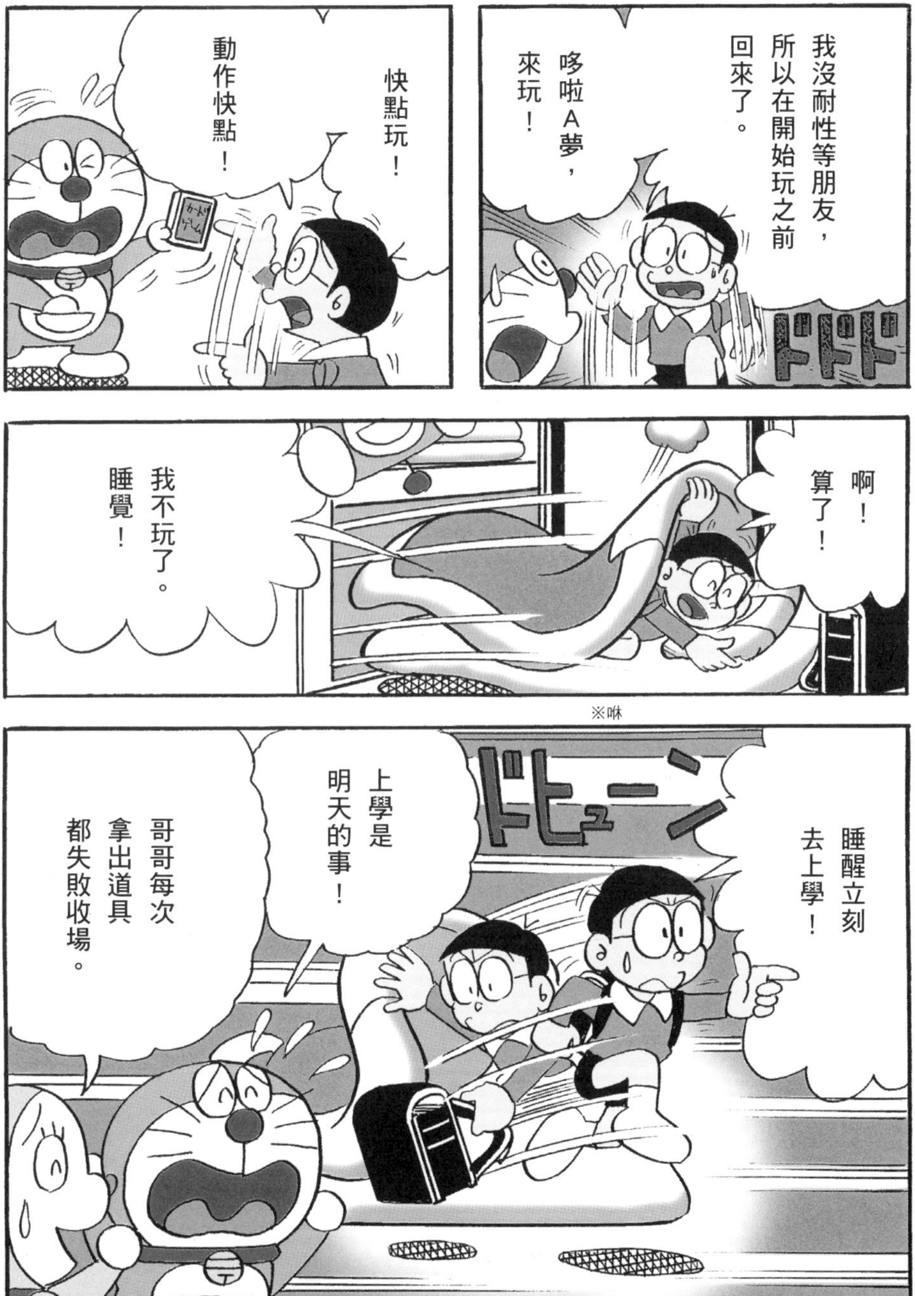
我沒耐性等朋友，所以在開始玩之前回來了。
哆啦Ａ夢，來玩！
ドドド
快點玩！
動作快點！
啊！算了！
我不玩了。睡覺！
※咻
ドヒューン
睡醒立刻去上學！
上學是明天的事！
哥哥每次拿出道具都失敗收場。

安排計畫表時的五個重點

①首先，寫下放學回到家的時間，早上起床到出門上學為止的行程都是固定的，所以可以不用寫也沒關係。

②接著寫上補習班、安親班、才藝班等每週的固定行程。

③計畫表不要寫得太細、太瑣碎，否則一旦太忙時，很容易全部隨便應付或跳過。

④複習學校功課的時間一定要寫進計畫表裡，一開始就要先把時間空出來。

⑤無法完美實踐計畫表的內容也沒關係，最重要的是要每天持續按照計畫表生活。

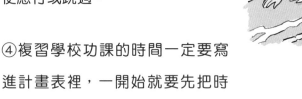

一日計畫表的範例

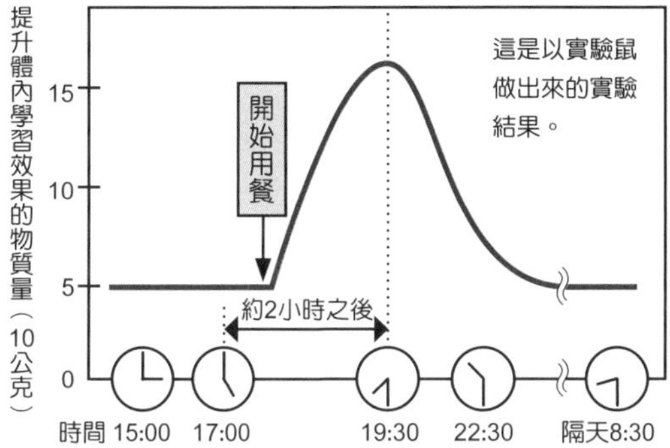
提升體內學習效果的物質量（10公克）
15
10
5
0
開始用餐
約2小時之後
這是以實驗鼠做出來的實驗結果。
時間 15:00
17:00
19:30
22:30
隔天8:30

飯後的一到兩小時後是唸書時間

有研究顯示，吃完飯的大約兩個小時過後，腦中會產生大量提高學習效果的物質，所以建議在飯後一、兩個小時過後再唸書。

週一～週五

下午4:00	4：00～5：00	5：00～6：00
放學	複習 （自由時間）	寫作業 （自由時間）
6：00～6：30	**6：3`0～8：00**	**8：00～9：00**
晚餐	（自由時間）	洗澡、寫作業
9：00～10：00	**10：00～10：30**	**10：30～**
預習	明天的準備	上床睡覺

睡前學習有效果

某項腦生理學的研究顯示，睡前十分鐘背過的內容，會比其他記憶記住更久。因此，與其花很多時間東摸西摸，倒不如背完該背的內容就趕緊上床睡覺，才是上策。

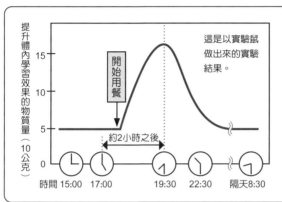

第九章
背好的內容很快就忘？

快速劑的作用總算消退了。
はあはあ
我在家和學校之間來回至少五十次……
ゼイゼイ
辛、辛苦你了……

※氣喘吁吁

我累死了，現在真的要睡了。
這樣子真的有辦法考一百分嗎？

考不到，你就要用鼻子吃炒麵了。
如果覺得不安，乾脆來背十個生字吧？
十個生字啊……
或許記得住一半吧。
五分鐘後
應該背起來了。
辛苦你了。
可是，下個月的段考一共有四十題。
只背十個生字，沒辦法應付考試吧？
我就知道你會這麼想。

所以「時光電視」又登場了。
要做什麼？
我們來看看明天早上的情況。
カチ
※啟動
早安，哆啦美。
你居然自動自發起床了！
看來已經養成規律的生活習慣。
你試試寫下昨天背的十個生字。
好。
什麼？

為什麼要這樣？
昨天才剛背過，怎麼可能忘記？
你先繼續看下去。
想不起來！怎麼會這樣？
明明昨天才背過啊！
怎麼會！
難道我的腦袋很差？
沒有啦。
對完答案後的結果？

十題中答對三題。
只對三題？
意思是我一個晚上就忘記七個生字嗎？
好吧，至少我記住了三個。
你再把那十個生字重新背過一遍吧。
哆啦美人真好。
接下來看兩天後的情況。
カチ
又要寫同樣那十個生字？好好好，我寫！
怎麼會有人這麼被動！
那個人不就是你嗎？
※按下

厲害！十題中對了七題！
咦？我答對的題數變多了！
來，再背一次。
好。
然後看五天後。
カチ！
答對九題！真可惜，就差一題了！
我再背一次！看我的！
你漸漸變得很有幹勁了。

※按下

一週後。
終於十題全都答對了！
我真是厲害！
這下你懂了吧？每天只花五分鐘反覆練習，就能夠完全記住。
原來如此。如果換成其他事情，一次三十分鐘，每天持續做，也都能夠學會對吧？
人類是健忘的生物，
忘記時只要複習，腦子就會記住。
反覆利用這個方法準備背誦類的考試，就會考得很好。

原來如此。想要一次就記住，反而很快就會忘記，對嗎？
沒錯。
經過多次反覆學習、背誦，那些知識才會成為你的實力。
怪不得複習很重要。
好，我就再多努力一下。
大雄終於有心用功了！
每天花一點時間反覆練習！
按照科目擬定計畫！
過去的努力都不會白費！
加油
拜託你們安靜點！

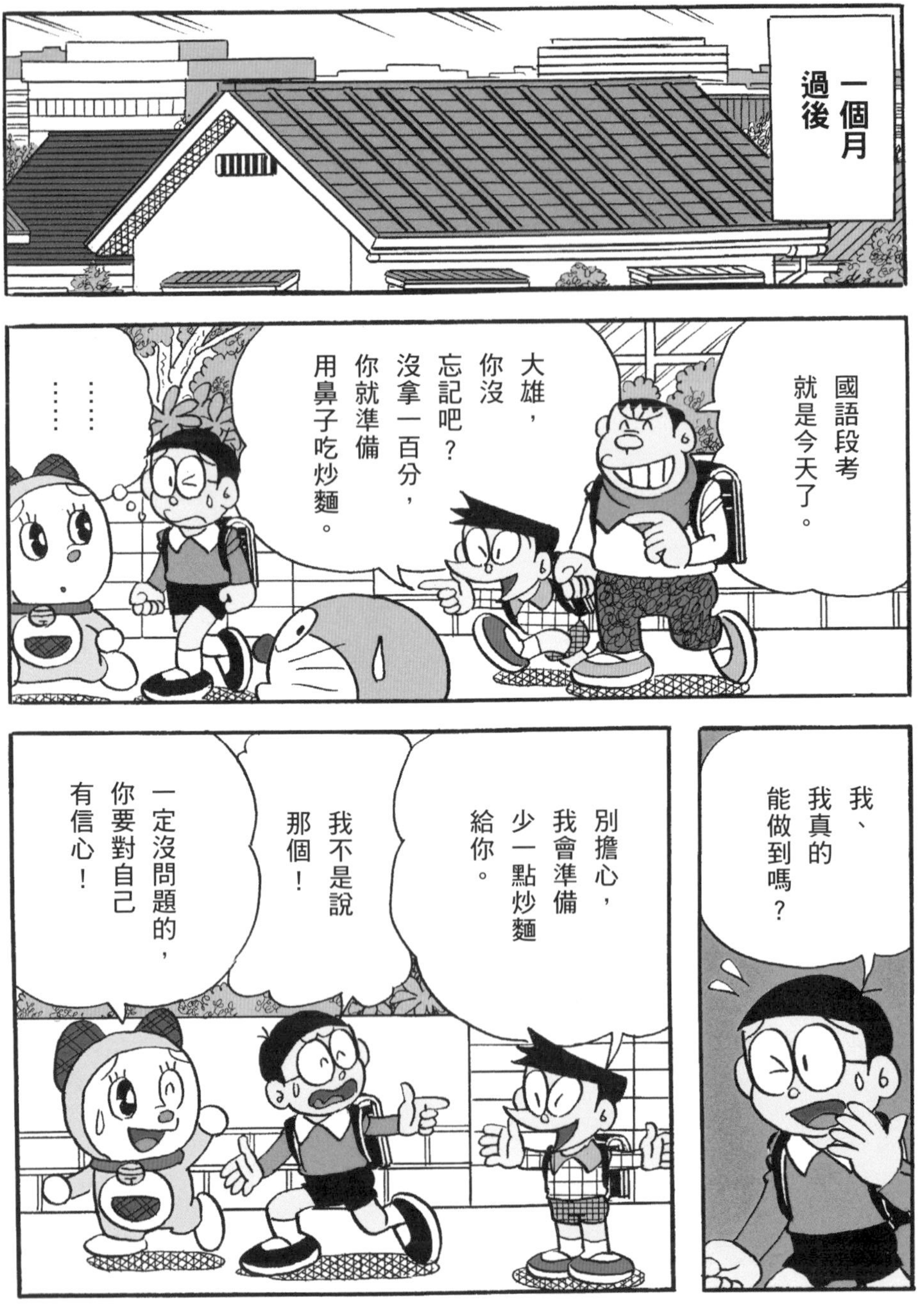
一個月過後
國語段考就是今天了。
大雄，你沒忘記吧？沒拿一百分，你就準備用鼻子吃炒麵。
……
……
我、我真的能做到嗎？
別擔心，我會準備少一點炒麵給你。
我不是說那個！
一定沒問題的，你要對自己有信心！

國語段考
測驗開始！

我回來了。
如何？
總之考卷我寫完了，
但沒什麼自信……
大雄，別擔心。你這一個月都過著規律的生活，也按照擬定的計畫努力準備了。
沒錯，
一定能考一百分！
是這樣嗎？
如果失敗了，我會幫你吃一半的炒麵。
你其實不認為我會考一百分吧！

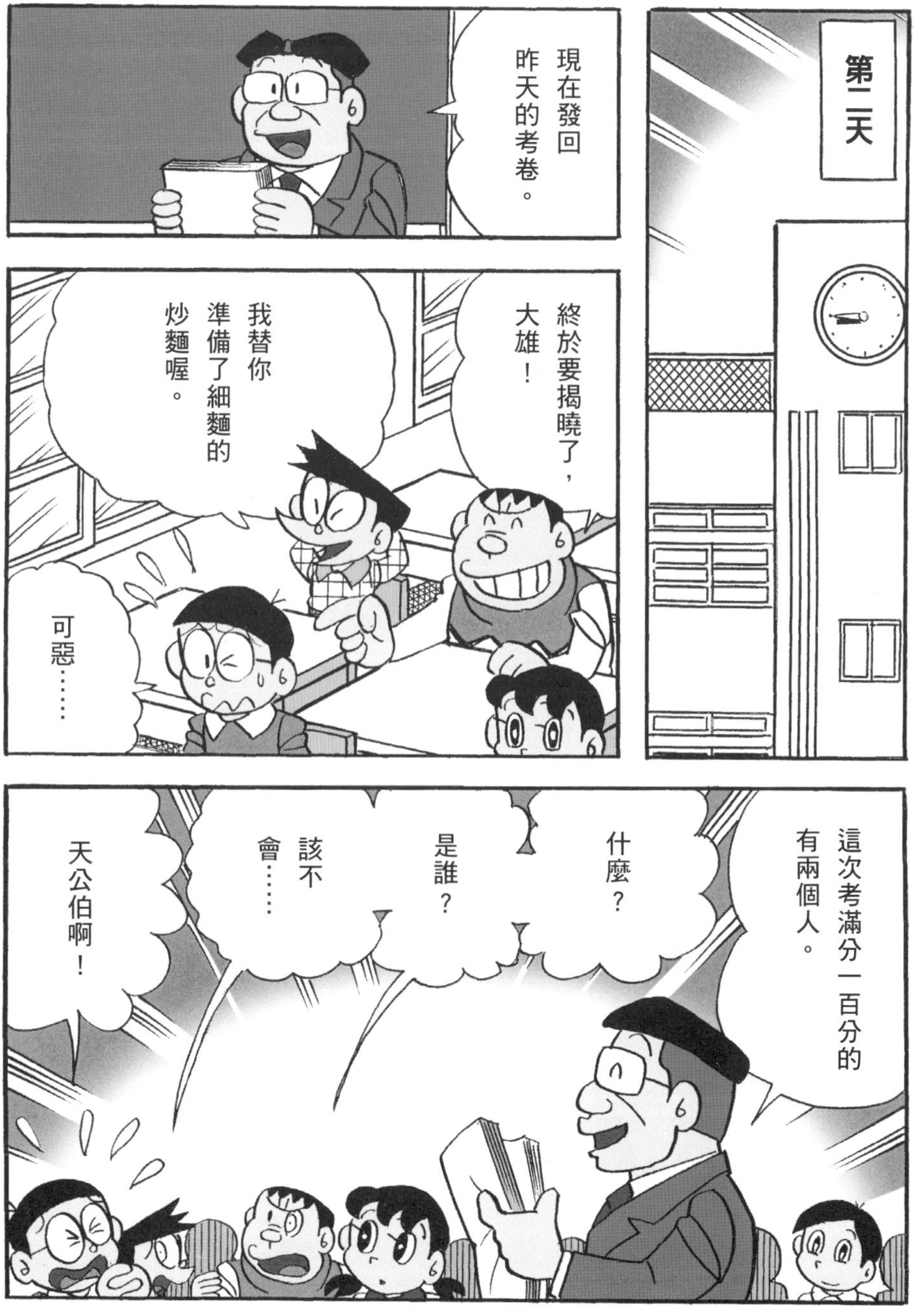
第二天
現在發回昨天的考卷。
終於要揭曉了，大雄！
我替你準備了細麵的炒麵喔。
可惡……
這次考滿分一百分的有兩個人。
什麼？
是誰？
該不會……
天公伯啊！

專欄 7

要在當天之內複習！

記憶會隨著時間流逝逐漸變淡

赫爾曼・艾賓浩斯的遺忘曲線

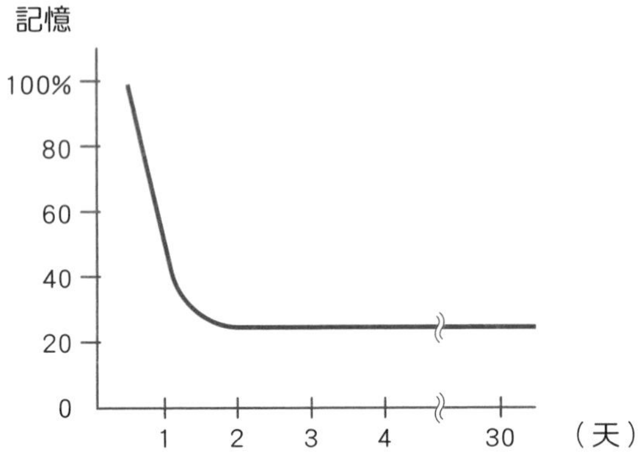
記憶
100%
80
60
40
20
0
1
2
3
4
30
（天）

德國心理學家赫爾曼・艾賓浩斯針對流逝的時間與忘記的比例關係進行實驗，並做成上面的圖表，稱為「遺忘曲線」。實驗結果顯示，20 分鐘過後，會忘記 42% 的記憶，一個小時過後是 56%，一天過後是 74%，一週過後是 77%，一個月過後是 79%。

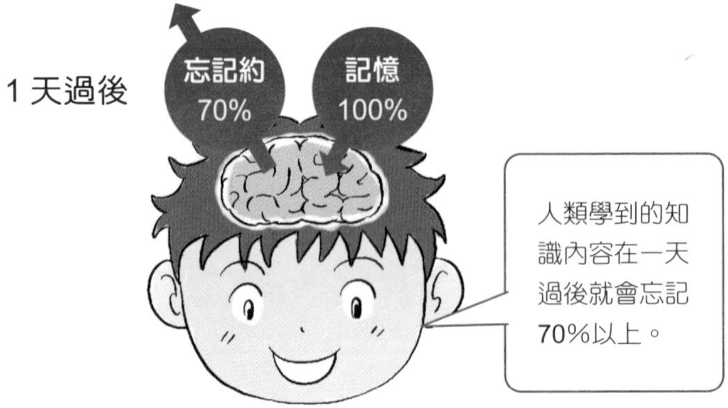
1 天過後
忘記約
70%
記憶
100%
人類學到的知識內容在一天過後就會忘記 70%以上。

盡早複習！

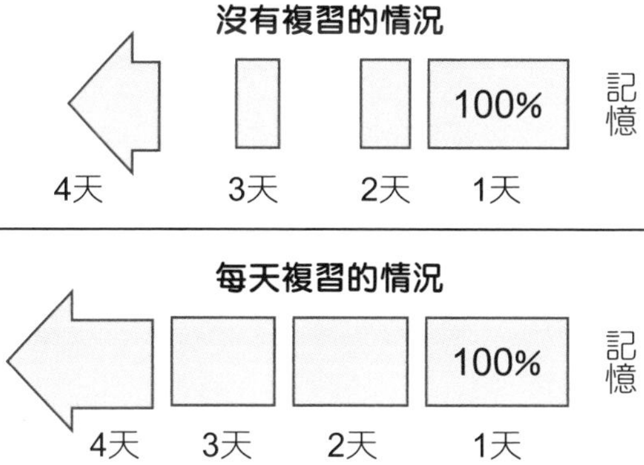

為了減少忘記的記憶量，盡早複習很重要。當天學到的內容，一回到家立刻複習，就能夠避免忘記。

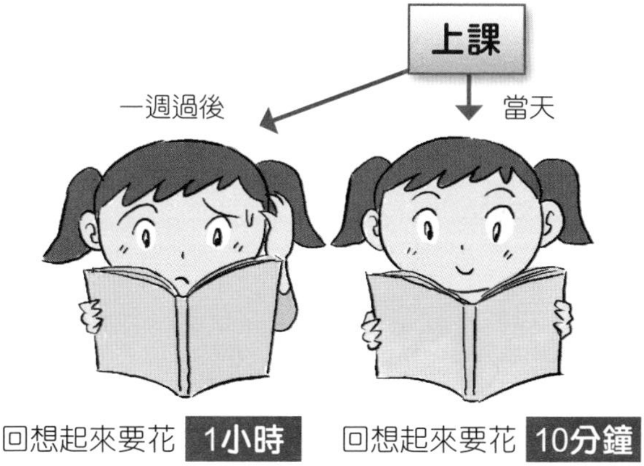

複習的時間延後越久，假設是一週過後才複習，就需要花 1 個小時的時間才會想起學到的內容。但是，當天學完當天就複習的話，只要 10 分鐘就能想起來。1 個小時與 10 分鐘相比，等於浪費了 50 分鐘時間，所以當天上完課，當天就複習吧！

第十章
大雄覺醒了？
老師把考卷發回給你們。
班上有兩個人考滿分一百分。
什麼?!
第一位是出木杉。
果然是他。
另外一位是……
ドキドキドキ
※噗通、噗通、噗通

靜香。
靜香考得好！
ガーーン
※幻滅
怎、怎麼會……？
我都那麼努力了……
大雄，這下確定了，你要用鼻子吃炒麵了！
完蛋了！
大雄這次也考得很好，九十八分！老師很欣慰。
什麼？
大雄考九十八分！
奇蹟啊！
很棒啊，大雄。考卷借我看看！
……
……

嗯？
老師，大雄這題改錯了。
什麼？
果然沒錯，大雄怎麼可能考九十八分。
會扣幾分呢？
唔唔……
抱歉，大雄，你這題寫對了。
咦？
那……
大雄一百分！
什麼！

我……
我做到了！
恭喜你，大雄。
難以置信！
我自己也是。
最近這一個月，大雄的生活態度值得嘉許。
學校的值日生工作也很認真。
在校外也得到附近鄰居的稱讚。

這次能夠考一百分，老師認為就是你改變生活態度得到的成果。
大家要向大雄看齊。
這沒什麼啦，嘿嘿。
啪
啪
啪
※鼓掌、鼓掌、鼓掌
大雄，你好棒。
……
哼！
大雄，今天要打棒球。你回家後立刻出來跟我們會合。
啊？

對不起！我不能去。
我要幫媽媽跑腿、拔草，還要複習、預習功課。
你說什麼?!
你是打算拒絕我嗎？
哇啊！
你……你等一下。
他放好書包就會出來。
約好的用鼻子吃炒麵。
※震驚

終於成功了！
恭喜你！
大雄最近
的表現
很不錯呢！
希望你繼續
維持下去！
這樣我就可以
安心回來了。
呵呵！
我去
跑腿了。
好。
？
你怎麼看起來
不是很開心？
發生什麼事了？
其實……

考一百分我覺得很開心，
也很享受老師和爸媽的稱讚，可是……
可是？
我自己突然改變，身邊其他人的反應也突然不一樣，這些讓我覺得很不自在。
別多想了，大雄能夠變好，這不是好事嗎？
變好嗎……
可惡！小夫！又是你漏接！
饒了我吧！
啊！大雄！

因為少了你，現在挨罵的變成我了！
啊！大雄！
因為少了你，我們輕輕鬆鬆就能打贏比賽！
你們說因為少了我？
少了你，就沒人扯後腿了。
還是說……你也想一起打球？
當然！
我也不是只會扯後腿好嗎？
那就上場吧。
我就表現給你看！
大雄！

大雄好慢啊。
這是怎麼回事？
說什麼「表現給我看」！你只是一直被三振，完全沒得分啊！
饒了我——
是大雄的聲音！
他回來了。
聽好了，下次比賽你再打不到球，就要用鼻子吃大碗的義大利麵！
你又亂打賭了！
借我「全壘打製造機」！
沒有那種東西。
而且你該跑腿的事情沒辦好，還把預習、複習的時間拿來玩！
慢著！

活動身體玩耍也很重要喔。
什麼?!
運動不但能夠學習如何與朋友合作、遵守規則，還能夠動腦想出致勝的方法，累積寶貴的經驗，這些都需要用上行動力、專注力、耐力。
當然也可以培養持續唸書所需的體力及想像力。
我們不能只把重心擺在考一百分，也要顧慮到大雄更長遠的發展。
你說得對！
所以明天開始你就盡情去玩吧！
態度轉變得也太快！

不過，作業、預習、複習都不可以偷懶喔。
知、知道啦！
好，我就快速做完。
てきぱき
てきぱき
※俐落、快速
念完書之後，就是揮棒特訓。
ビュン
ビュン
不管是課業或玩耍都全力以赴呢。
※咻咻
ビュン
ビュン
※咻咻
老天爺，請保佑大雄繼續保持這種積極態度，不要三分鐘熱度。
你們大家也努力挑戰看看。

春天的遊戲

★用菽草做花冠

摘下菽草開的花編成花冠或戒指試試。編花冠的訣竅就是，摘花時盡量保留長一點的花莖。除了菽草之外，你也可以用蒲公英、櫻花等製作飾品。

★吹飛蒲公英的冠毛

試試把蒲公英的冠毛吹飛，看誰吹得最遠。順便補充一點，蒲公英的種子是利用冠毛飛到遠方去繁殖後代。

★製作豆莢笛

首先把一個又大又飽滿的豌豆莢拿在手裡，接著取出豆莢裡的豌豆仁，把豆莢裡面清空，再將豆莢恢復原狀，用嘴巴含住一吹，就能吹出美妙的聲音喔。

夏天的遊戲

★河邊玩水

小心別靠近危險場所，選擇安全的區域享受游泳、渡溪的樂趣。在河邊打水漂，比賽看誰的石頭在水面彈跳的次數最多，也很好玩。建議找鏡片形狀的扁平石頭進行。

★釣螯蝦

釣螯蝦是日本常見的河邊娛樂之一。螯蝦多半躲在岩石縫隙間，用免洗筷掛著竹輪、魷魚等釣餌試試看。把螯蝦捉回家不易飼養，最好是釣起來就放回水裡。（螯蝦在台灣屬於外來入侵種，隨便野放會造成生態浩劫，不宜釣起來又放回水裡。對「釣蝦」有興趣，可上網搜尋合法的垂釣場。）

★放煙火

小型煙火、手持的仙女棒等，請在大人的陪同下施放。放煙火時，禁止朝著他人或住家施放，也不宜在有易燃物的場所進行。

秋天的遊戲

★用橡實做陀螺

準備錐子、牙籤、橡實。先把橡實清蒸約十分鐘蒸軟，再用錐子在正中央鑽洞，插上牙籤就完成了。可替橡實上色，旋轉起來更漂亮。

★樹葉版大海撈針

提到秋天就想到是落葉的季節。首先收集多種不同的落葉，每種樹的落葉各兩片。接著將其中一片排列在地上，另一片放入塑膠袋。眾人猜拳決定誰當莊家，莊家從塑膠袋抽出一片葉子給其他人看，其他人就要從地上的葉子中，找出相同種類的那一片。

冬天的遊戲

★各種日本新年的娛樂

一提到日本過年要玩的遊戲，就會想到打板羽球※、放風箏、矇眼拼出福神臉、打陀螺等許許多多的傳統娛樂。這些是祖父、祖母、爸爸、媽媽都知道的過年遊戲。機會難得，大家就一起玩玩看吧！

※譯注：板羽球的玩法是兩個人各拿一塊木板球拍擊打類似毽子的球。據說源自於兩千年前的古希臘，也是羽毛球的前身。

★玩雪

不在降雪的地區就無法玩雪，不過一到冬天，就會讓人很想堆雪人。順便補充一點，滾雪球製作雪人的訣竅是，必須所有方向都滾過，這麼一來才會四面八方都裹上雪，做出圓滾滾的雪人。

8 專欄

尾聲
計算果然很重要
我的國語雖然努力拿到了一百分，但數學完全不行。
那些是除法吧。
所以借我時光機。
你要做什麼？
我要去罵一罵發明除法的人。
拜託你快住手！

你說自己除法不行……
但大雄，你會乘法嗎？
你少看不起我！
我好歹也會背九九乘法表啊！
意思就是計算一位數乘一位數沒問題。
那一位數乘二位數呢？
哈哈哈哈！
別傻笑帶過啊你！不會就說不會。

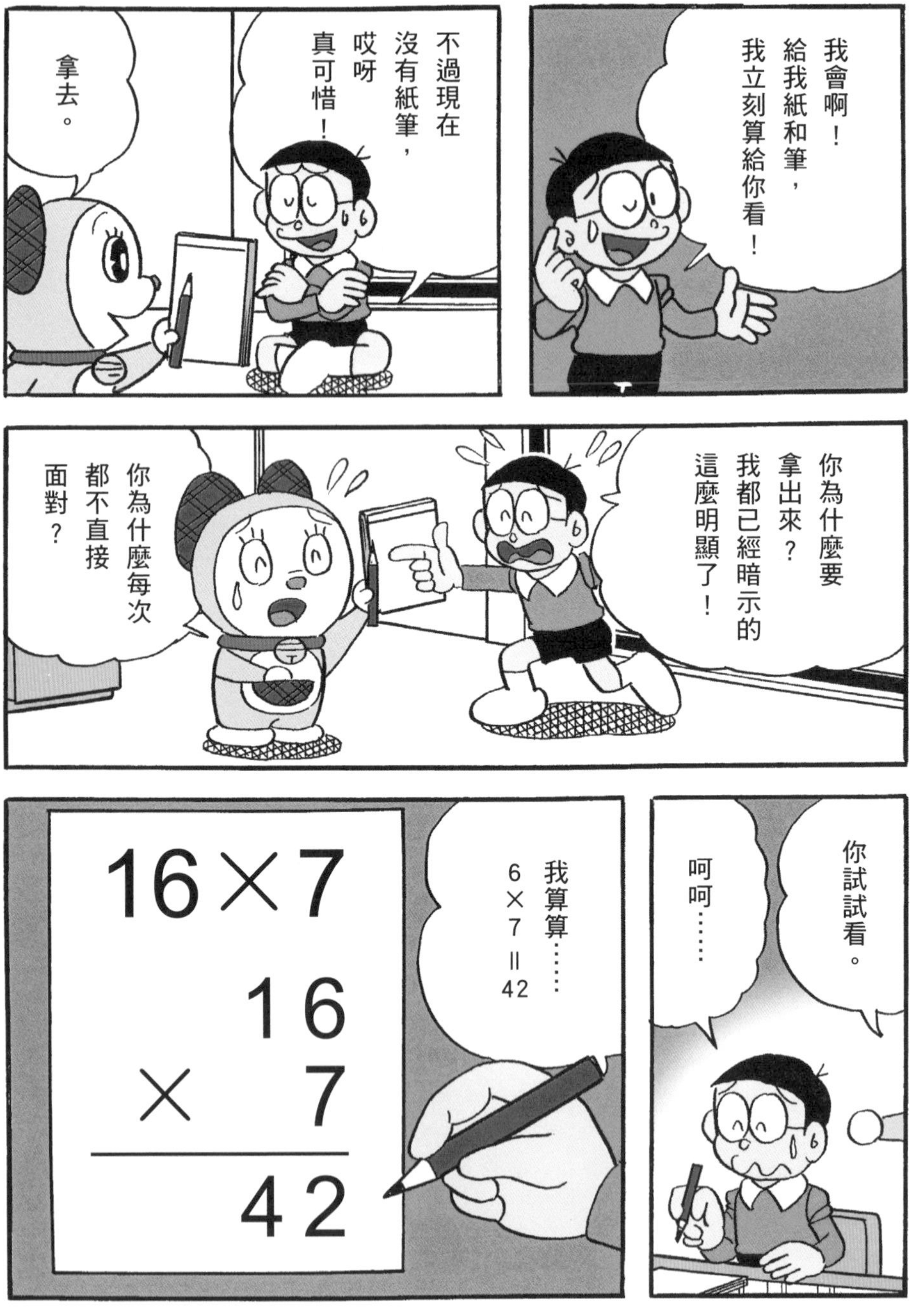
我會啊！給我紙和筆，我立刻算給你看！
不過現在沒有紙筆，哎呀真可惜！
拿去。
你為什麼要拿出來？我都已經暗示的這麼明顯了！
你為什麼每次都不直接面對？
你試試看。
呵呵……
我算算……6×7＝42
16×7
16
×　7
42

1×7=7，加起來就是112，這難不倒我。
16
× 7
42
7
112
答對了！你讓我刮目相看！
既然難不倒你，這種程度你應該可以心算吧？
怎麼可能?!
你以為我是誰啊？
做不到還那麼囂張？
那我教你如何用心算計算二位數乘一位數。
有這種方法？

首先把16×7拆成10×7和6×7，你看，就能用九九乘法表算出來了對吧？
真的耶！
16×7
→10×7＝70
6×7＝42
用九九乘法表算完後，只要把兩個答案相加，就完成了。
70＋42＝112
原來如此。
可是這樣算很麻煩，
16×7
70
10×7
42
＋42
＋70
112
6×7
在腦子裡亂成一團。
不然我們這樣做。

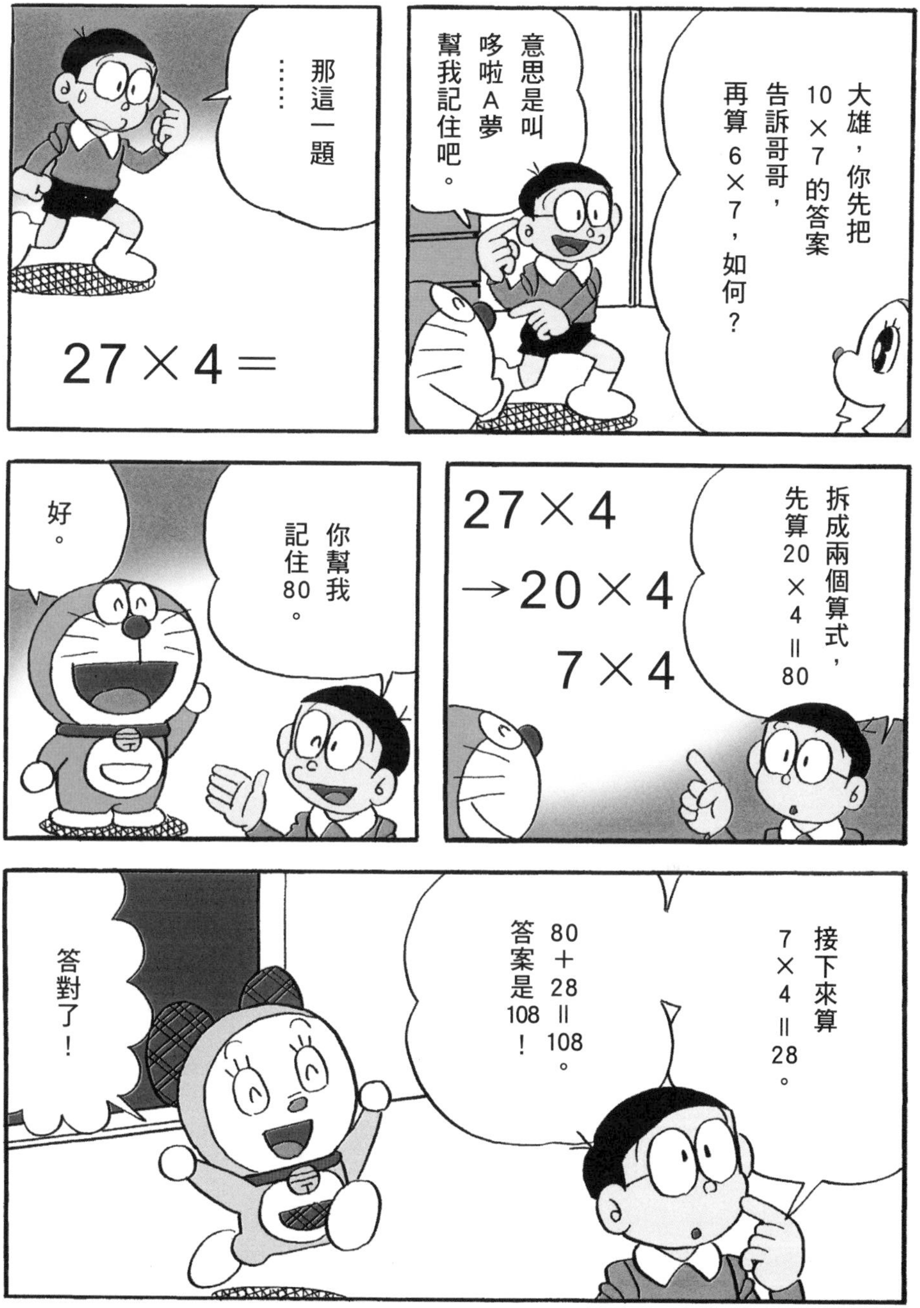

意思是叫哆啦A夢幫我記住吧。
大雄，你先把10×7的答案告訴哥哥，再算6×7，如何？
那這一題……
27×4＝
拆成兩個算式，先算20×4＝80
27×4
→20×4
7×4
你幫我記住80。
好。
接下來算7×4＝28。
80＋28＝108。答案是108！
答對了！

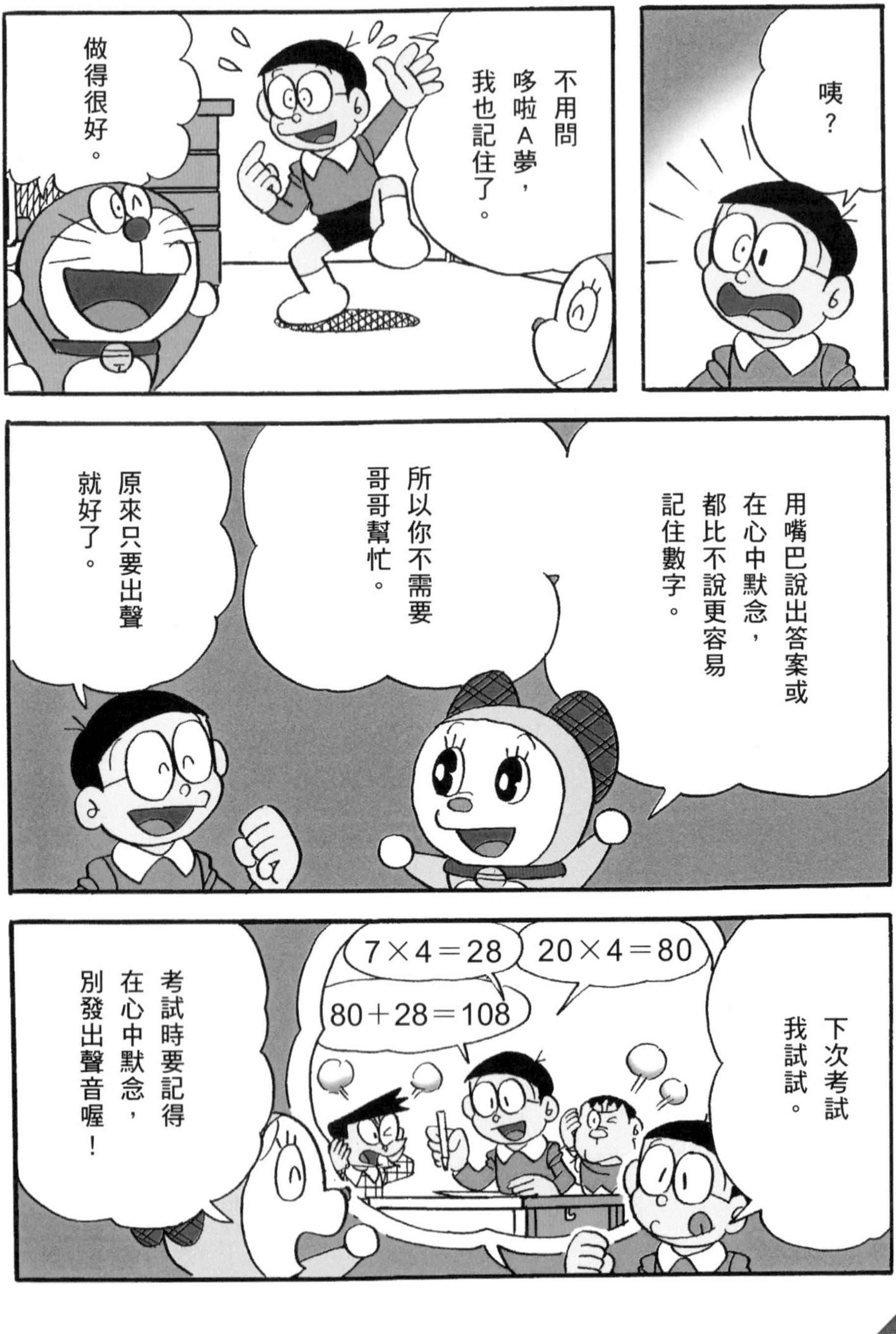
咦？
不用問哆啦A夢，我也記住了。
做得很好。
用嘴巴說出答案或在心中默念，都比不說更容易記住數字。
所以你不需要哥哥幫忙。
原來只要出聲就好了。
下次考試我試試。
20×4＝80
7×4＝28
80＋28＝108
考試時要記得在心中默念，別發出聲音喔！

不過，剛剛做的「乘法心算」跟「除法」有什麼關係？
下一題你用心算計算看看就知道了。
$923 \div 13 =$
什麼！
這麼大的數字我不會算啦。
別擔心。
你先想想92裡面有幾個13呢？
我算算喔……13…26…39……
不是用加法，用乘法算啊！
$\boxed{92}3 \div 13 =$

那就是13×5等於50和15。
13×5
→10×5＝50
3×5＝15
13×6等於60和18。
13×6
→10×6＝60
3×6＝18
13×7等於70和21。
13×7
→10×7＝70
3×7＝21
923÷13＝
我知道了！13×7等於70和21所以是91！
十位數的答案是7。
答對了！
923÷13＝7
（92 裡面有 7 個 13）

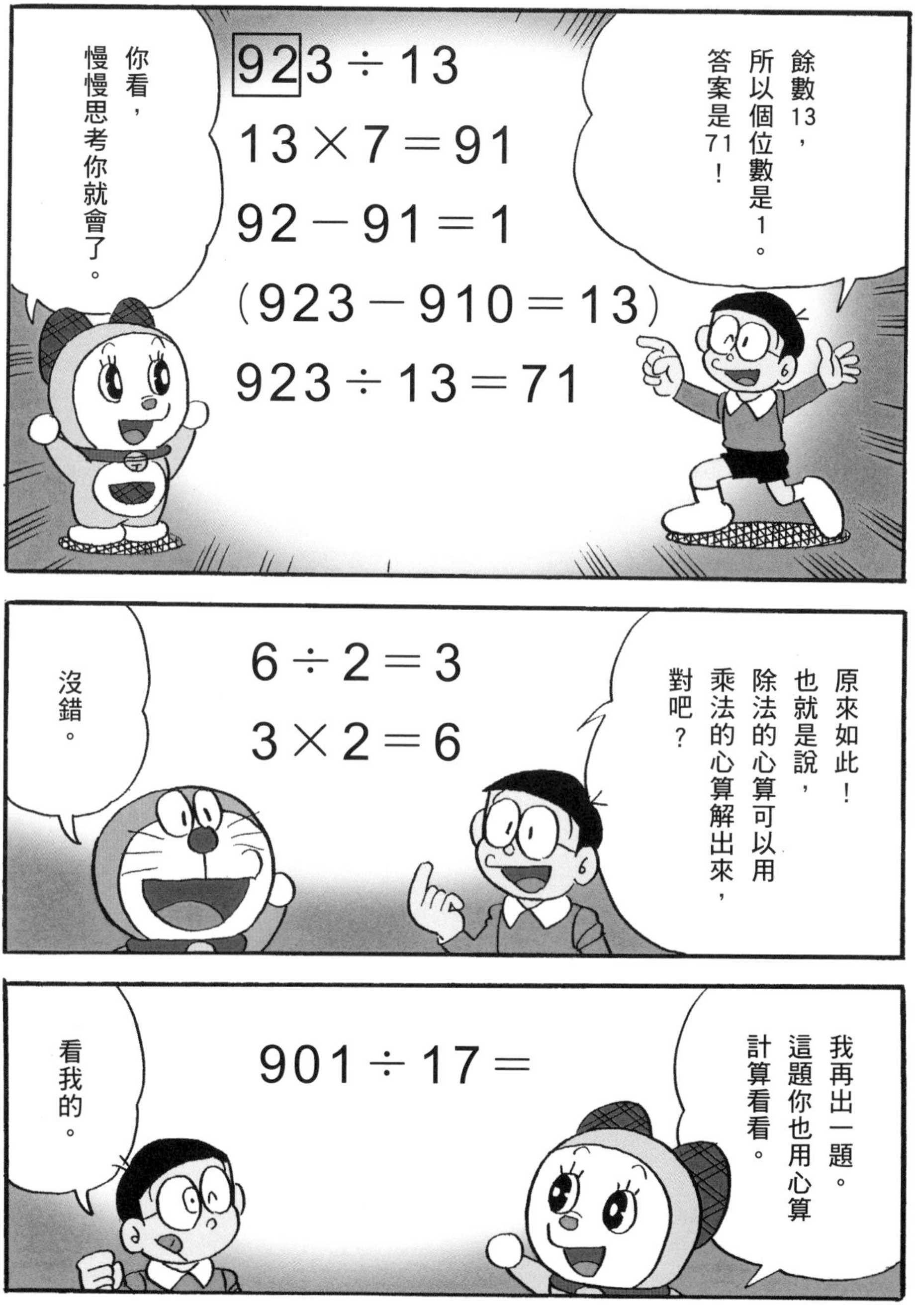
餘數13，所以個位數是1。答案是71！
923÷13
13×7＝91
92－91＝1
（923－910＝13）
923÷13＝71
你看，慢慢思考你就會了。
原來如此！也就是說，除法的心算可以用乘法的心算解出來，對吧？
6÷2＝3
3×2＝6
沒錯。
我再出一題。這題你也用心算計算看看。
901÷17＝
看我的。

901÷17＝
首先算出90裡面有幾個17……
901÷17＝
17×7等於70和49，加起來是119……超過了。17×6等於60和42，加起來102也超過了。17×5等於50和35，加起來是85。
就是這個！
901÷17＝5
餘數51
十位數是5！然後餘數是51。

901÷17＝53
餘數51，正好17×3＝51，所以個位數是3！
答案就是53！
解得很好！
懂得方法後，大數字的除法也能用心算算出來了！
沒錯，就照樣子，數學也考一百分吧！

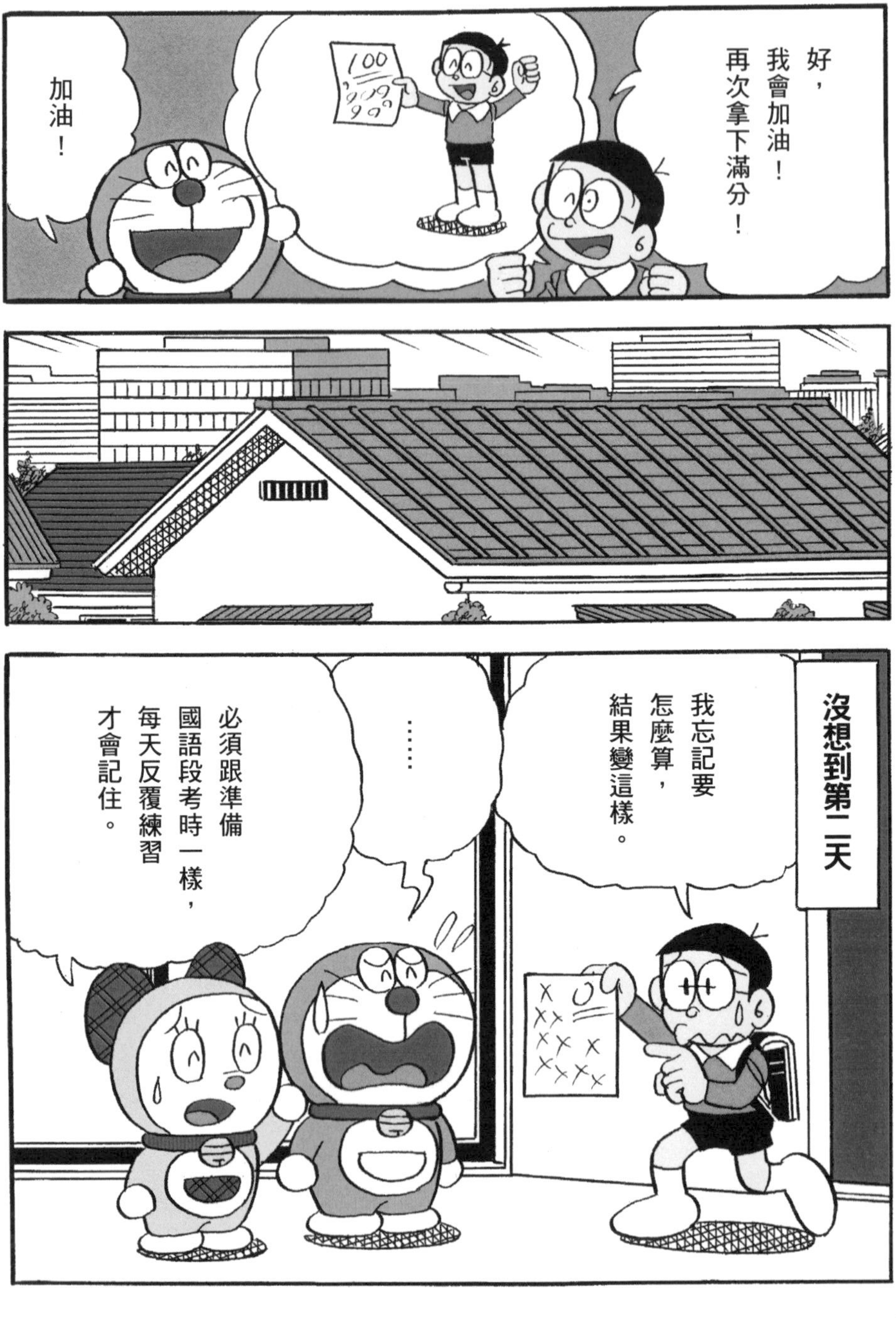
好，我會加油！再次拿下滿分！
加油！
沒想到第二天
我忘記要怎麼算，結果變這樣。
……
必須跟準備國語段考時一樣，每天反覆練習才會記住。

補充介紹

各種計算方法

學會一點小技巧，就能夠提升解題速度，而且算得更正確！

按部就班的基本運算方式，有時往往會使計算過程變得很複雜，導致容易出錯，也會花很多時間。這時，只要懂得運算的小撇步，所有計算題就能輕鬆愉快的迎刃而解。各位也請務必試試！

接二連三迅速破解
困難的計算題，
就能夠向朋友吹噓了！

①十位數的數字相同，而且個位數和是 10 的計算方式

我們先來試試下面這題！

27×23

這是二位數乘以二位數的乘法問題，一般人都會覺得很難用心算計算出來，其實只要改變計算方式，一眨眼就能得到答案。

這個乘法題的十位數數字相同，而且個位數的和正好是 10，所以可以變成下面這個算式。

27×23 =（20 + 10）×20 + 7×3

如何？這樣一來要心算就很簡單了吧？

沒錯，答案是 621。

很容易就解開了。

接下來就要告訴各位，為什麼能夠轉換成這個算式。

首先，二位數的乘法，你可以想成這兩個數字是某個長方形的邊長，兩個數字相乘，等於是在求這個長方形的面積。而你要用最簡單的方式算出這個長方形的面積，所以改變長方形的形狀，也就是變成剛才那個算式。

這樣你明白那個算式是如何來的了吧？

我們實際看著面積圖，更進一步深入講解。

個位數的和是 10，
所以移動 B 的部分，
會更方便計算！

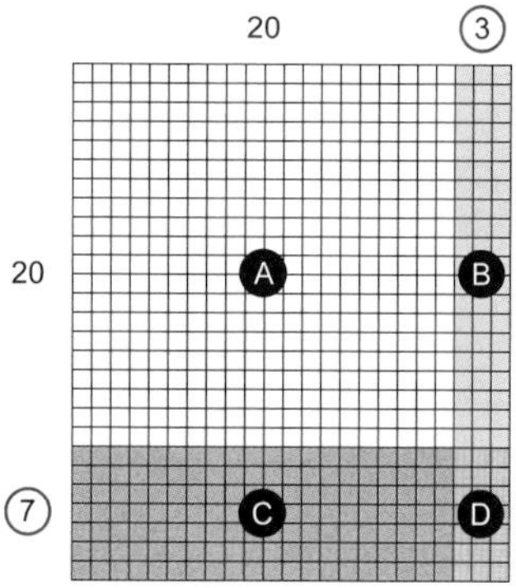

3 + 7 = 10

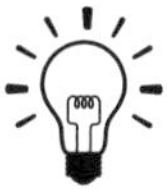

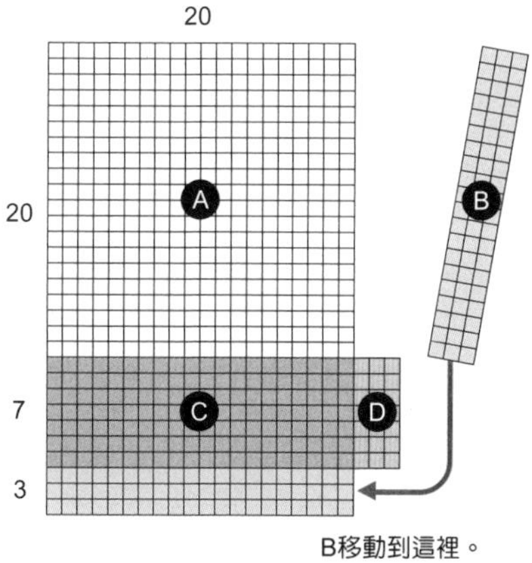

實際移動 B 試試……
（20 + 10）×20
就能夠算出
A + B + C 的面積。

再來就是算出剩餘的 D 部分
面積，再把兩邊加起來。
600 +（7×3）
一位數相乘，相信大家都能
夠心算出來吧！

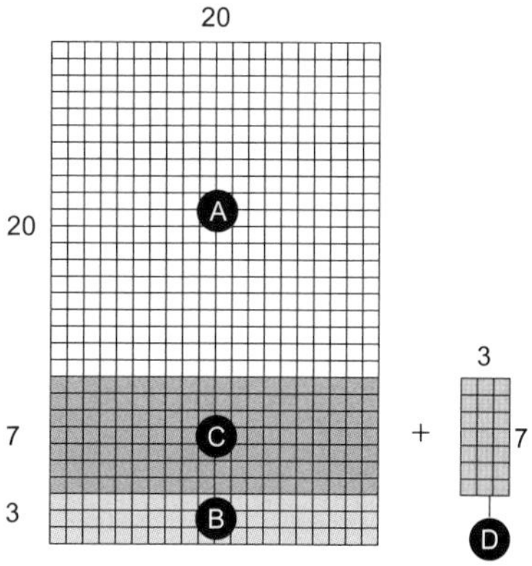

②接近且小於 100 的兩個數字相乘時

接下來要介紹 99、98、97 等，接近 100 但小於 100 的數字相乘時的簡單算法。

98×97

一般人會覺得這一題比上一題更困難，但是這一題只要換個方式計算，也同樣能夠輕鬆解決。

遇到像這題這種「接近 100 但小於 100」的兩個數字相乘問題時，你可以把它改成下面的算式。

98×97 =（100 − 2）×（100 − 3）

98×97 =（100 − 2 − 3）× 100 + 2 × 3

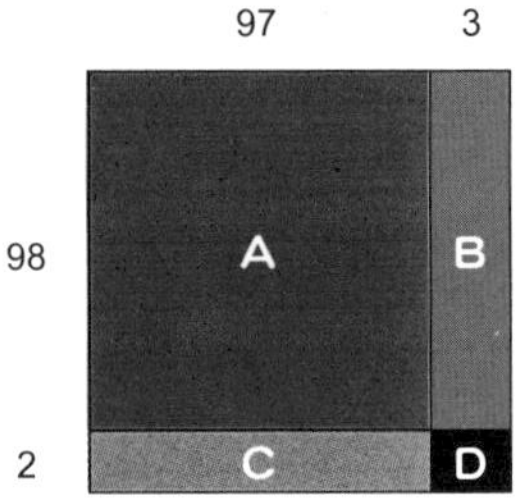

這樣一來就很容易用心算計算出來了吧？

沒錯，答案是 9,506。

各位看懂為什麼要換成上面的算式嗎？

跟上一題一樣，兩個數字相乘，就等於是某個長方形求面積，兩個數字分別代表長方形的長與寬。

既然是接近 100 的數字，我們就先算出 100×100 的面積，再減掉多出來的面積即可。

100×100 的長方形面積，
減去BD的面積和CD的面積，
再加回一個多減的D面積，
就求出A的面積了。
10000 － 200 － 300 ＋ 2×3

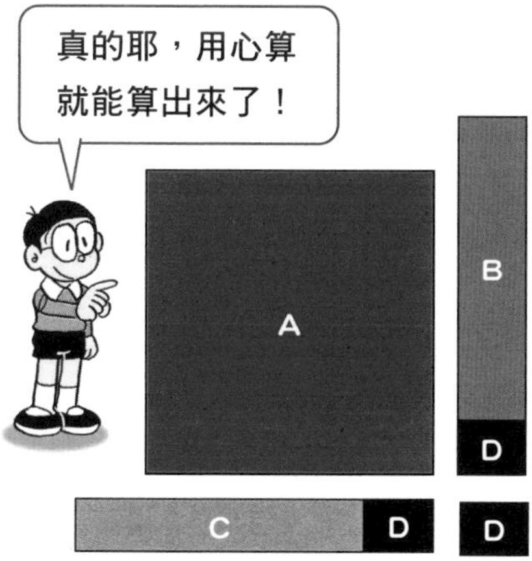

③接近且小於 1000 的兩個數字相乘時

同理，接近 1000 且小於 1000 的兩個數字相乘時，也能用同樣的方式計算！就算是三位數的乘法也沒什麼好怕的。

988×976

像這樣，接近 1000 但小於 1000 的兩個數字相乘時，也可以換成下面這種的算式。

988×976 ＝（1000 － 12）×（1000 － 24）
　　　　 ＝（1000 － 12 － 24）×1000 ＋ 12×24

再來只要稍微動動腦，就能夠用心算計算出來了。

沒錯，答案是 964,288。

只要記住這種思考模式，即使遇到三位數相乘，也能夠一眨眼就算出答案，讓你學校的朋友們感到驚艷吧！

④接近且大於 100 的兩個數字相乘時

接下來是介紹 101、102、103 等接近 100 但比 100 大的數字相乘時，能夠輕鬆算出答案的方法。

107×106

如何？現在看到三位數乘以三位數的計算，已經不害怕了吧？

這一題當然也是只要換個想法，就能夠輕鬆破解。

遇到這種「接近 100 但大於 100」的兩個數字相乘的問題，請先改成下面的算式。

107×106 ＝（100 ＋ 7）×（100 ＋ 6）

107×106 ＝（100 ＋ 7 ＋ 6）×100 ＋ 7×6

好，接下來就可以心算了。

答案是 11,342。

為什麼能夠轉換成上面的算式，各位已經知道了吧？

接著請各位再以同樣的思考方式，計算 106×106、104×104 等「接近 100 的兩個相同數字相乘」的答案。把它們轉換成下面的算式，就不難破解了。

106×106 ＝（106 ＋ 6）×100 ＋ 6×6 ＝ 11,236

跟前面一開始學過的「十位數的數字相同，而且個位數和是 10 的計算方式」一樣，把 B 移到 C 的下方。

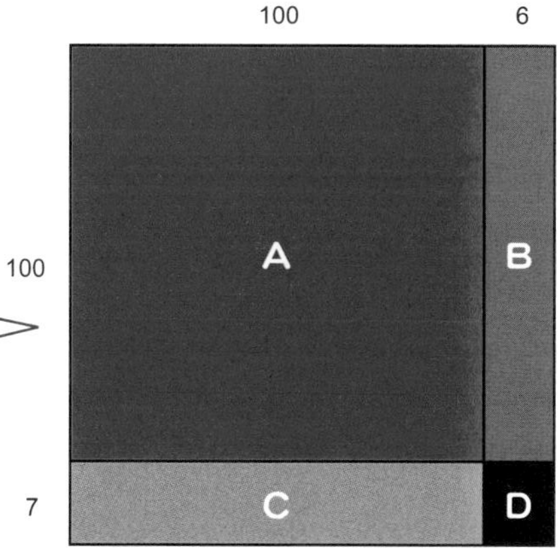

把題目想成是邊長 100 的長方形，計算就會變得很簡單。注意最後別忘了加上 D 的面積。

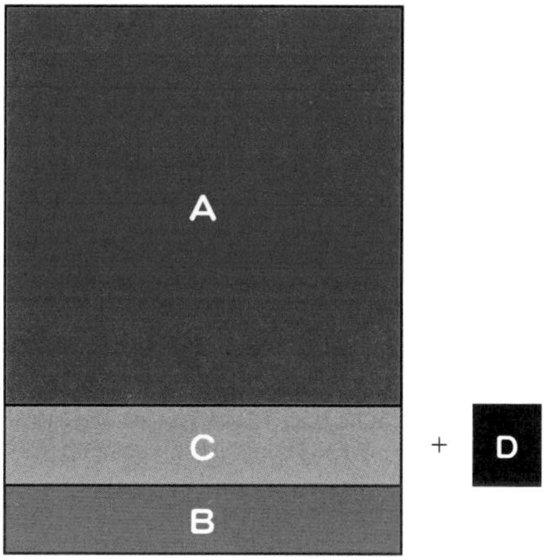

這樣一來就
不會再粗心大意
算錯了！

一起來複習看看！

10 開頭的數字乘法計算範例

12×13 =（12 + 3）×10 + 2×3 = 150 + 6 = 156

13×16 =（13 + 6）×10 + 3×6 = 190 + 18 = 208

14×18 =（14 + 8）×10 + 4×8 = 220 + 32 = 252

16×19 =（16 + 9）×10 + 6×9 = 250 + 54 = 304

補充介紹

文字遊戲

① 詞語接龍

可以學到很多生字哦！

規則很簡單，只要寫下開頭跟前一個詞彙的最後一個字一樣的詞彙，就完成接龍了！

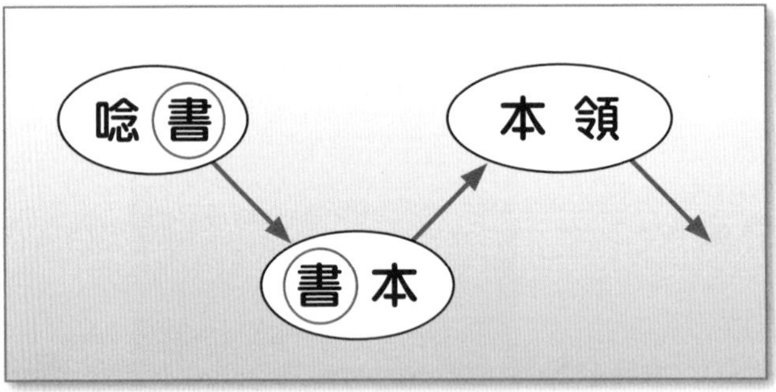

第一個詞是「唸書」，所以接著要想出開頭有「書」的詞。「書本」不錯吧？

詞語接龍的例題 1

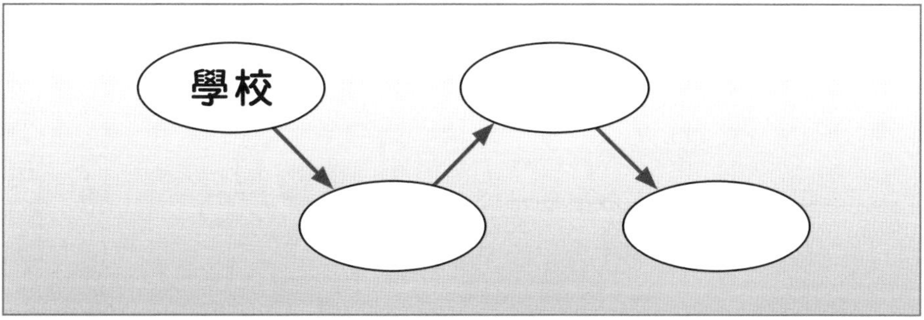
學校

詞語接龍的例題 2

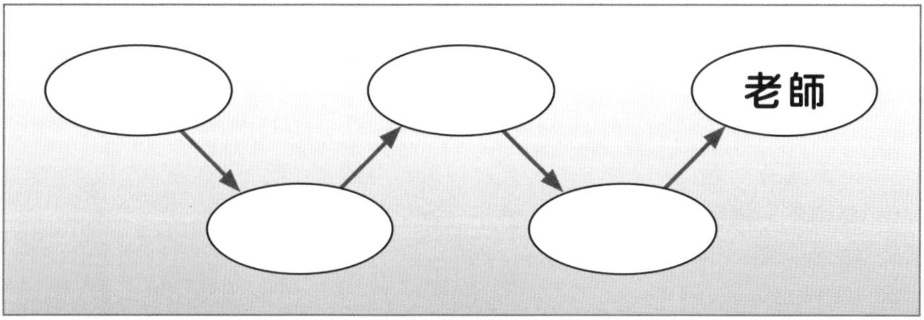
老師

詞語接龍的例題 3

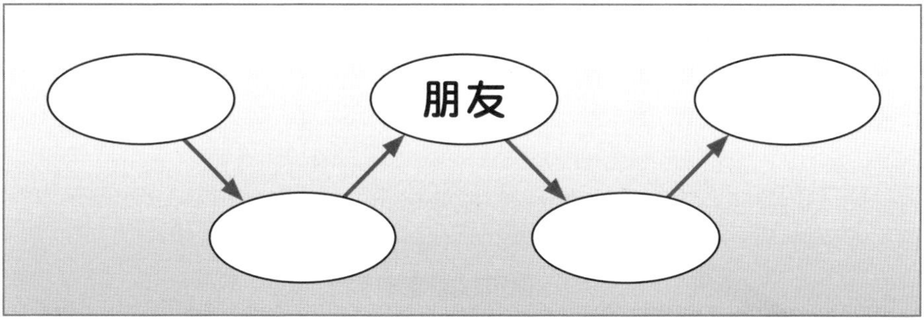
朋友

也可以分組
比賽哦！

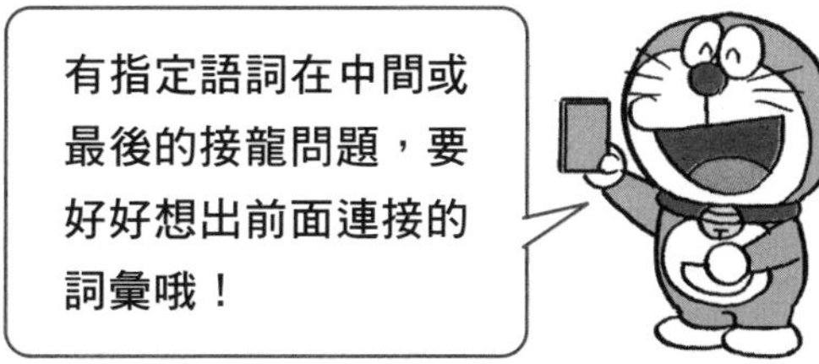
有指定語詞在中間或
最後的接龍問題，要
好好想出前面連接的
詞彙哦！

② 找出不同的字

玩遊戲的同時，還能夠學會筆劃數、筆劃的提勾！

請從方框內的國字中，找出唯一不同的字！

裡面藏著一個長得不一樣的國字。

鳥	鳥	鳥	鳥	鳥
鳥	鳥	鳥	鳥	鳥
鳥	鳥	鳥	鳥	鳥
鳥	島	鳥	鳥	鳥
鳥	鳥	鳥	鳥	鳥
鳥	鳥	鳥	鳥	鳥

你可以設置時間限制，挑戰看看！

1

第	第	第	第	第
第	第	第	第	第
第	第	第	第	弟
第	第	第	第	第
第	第	第	第	第
第	第	第	第	第

2

貓	貓	貓	貓	貓
貓	貓	貓	貓	貓
貓	貓	貓	貓	貓
貓	貓	貓	貓	貓
貓	貓	貓	貓	描
貓	貓	貓	貓	貓

3

科	科	科	科	科
科	料	科	科	科
科	科	科	科	科
科	科	科	科	科
科	科	科	科	科
科	科	科	科	科

4

侍	侍	侍	侍	侍
侍	侍	侍	侍	侍
侍	待	侍	侍	侍
侍	侍	侍	侍	侍
侍	侍	侍	侍	侍
侍	侍	侍	侍	侍

5

史	史	史	史	史
史	史	史	史	史
史	史	史	史	史
史	史	史	吏	史
史	史	史	史	史
史	史	史	史	史

6

日	日	日	日	日
日	日	日	日	日
日	日	曰	日	日
日	日	日	日	日
日	日	日	日	日
日	日	日	日	日

解答

①第和弟　②貓和描　③科和料　④侍和待　⑤史和吏　⑥日和曰

熟練後，你們也可以
自己設計題目！

③ 在空格內填入正確的字

一起記住正確的用字！

看完題目，請選出適合的字填入「　」內。

題目

今天學校的「　」養午餐變少了。

1）瑩

2）營

3）螢

正確答案是 2。檢查容易搞混的字，要反覆複習。

1

題目

小志是我們班上跑「　」最快的人。

1）地
2）的
3）得

2

題目

你可以「　」我去上廁所嗎？

1）陪
2）倍
3）培

3

題目

老師說天氣熱在戶外時頭上要記得「　」著帽子。

1）帶
2）戴
3）待

4

題目

媽媽說水是最好「　」的飲料。

1）渴
2）遏
3）喝

解答

①3)得　②1)陪　③2)戴　④3)喝

其他容易搞混的詞語用字

「已經」寫成「以經」
「抱怨」寫成「報怨」
「而已」寫成「而以」
「不再」寫成「不在」
「未來」寫成「末來」

④找出錯誤的筆順

學會正確的筆順！

筆順是指寫字時的筆劃順序。以正確的筆順寫字，才是更快、更正確記住生字的訣竅。

服	悲	發	農	乘
丿 刀 月 月 肌 肕 服 服	丿 ナ ヨ ヨ 非 非 非 非 非 悲 悲 悲	フ ヌ ヌ ヌ 癶 癶 癶 癶 癹 發 發 發	丶 冂 冃 冊 曲 曲 曲 曲 曲 農 農 農 農 農	一 二 千 千 千 千 千 乖 乖 乘 乘

飛	帶	燒	健	機
乙 飞 飞 飞 飞 飛 飛 飛 飛	一 十 廾 卅 卌 卌 卌 卌 卌 帶 帶	丶 丷 火 火 火 炷 炷 炷 炷 炷 炷 炷 燒 燒 燒 燒	丿 亻 亻 亻 亻 亻 亻 亻 侓 侓 健	一 十 才 木 朩 朩 朩 朩 機 機 機 機 機 機 機 機

1 請從下列國字中，選出第一劃是「橫線」的字（可複選）。

左　右　口　中　在

2 請從下列國字中，選出第一劃是「直線」的字。

十　王　國　木

3 請從下列國字中，選出第一劃是「橫線」的字（可複選）。

回　上　醫　區

解答

①左、右、在　②國　③醫、區

以正確的筆劃順序寫字，字才會寫得均衡又漂亮！

寫給家長們

每個孩子都有機會發展「看不見的學力」

本書介紹小學生們也能無痛模仿的各種學習訣竅。

但書中提出的這些訣竅，不是為了培養「眼睛看得見的學力」，提升在校成績和考試結果，而是為了培養成績等無法測驗的思考力、判斷力、表達力等「眼睛看不見的學力」。本書以簡單明瞭的方式，介紹這些現在就應該立刻套用的技巧，希望孩子們從中發覺嶄新的自己。

「看不見的學力」在成長過程較早的階段養成，對於之後培養「看得見的學力」來說，也相當重要。

以家庭的力量培育「看不見的學力」

那麼，該如何養成「看不見的學力」呢？為了找到答案，各位必須先複習構成「看得見的學力」的三要素。

第一項要素是透過豐富的閱讀體驗和家庭溝通等，學會的「語文能力」。學習更多的詞彙，也跟提高思考力、表達力密切相關。

第二項要素是藉由規律的生活與適度的家事，培養「毅力」。一旦缺乏毅力和專注力，就難以養成學力。

接下來第三項要素是接觸大自然、逛博物館和美術館等，直接接觸各式各樣的事物，獲得「實際體驗」的經驗。擁有豐富體驗的孩子，在學習新知識時，能夠發揮強大的力量。從這個角度來說，「遊戲、玩耍」也可說是寶貴的「實際體驗」。

看到這裡，各位一定以為已經結束了，事實上，想要培養「看不見的學力」，需要家人的支持與協助，換句話說就是家庭的力量，以及家中學習環境是否完善，比什麼都重要。

給家長們的請求

假如已經存在問題，請盡快動手改善孩子們的生活態度，就從「早睡」、「早起」、「早餐」等，養成規律的生活開始做起。接下來減少看電視、玩手機或打遊戲的時間，避免繼續奪走孩子的思考能力及助長孩子的消極應對。希望孩子們養成閱讀習慣，要從家長本身做起，拿起孩子的書，開口朗讀給孩子聽吧。

另外，基本體力和運動能力也是構成「看不見的學力」的重要要素之一。陪孩子玩投接棒球、踢足球，從日常生活就建立習慣，讓孩子們充分活動筋骨。

最重要的是，讓孩子們實際的去感受建立家庭學習習慣的重要性，以及持續該習慣的必要性。

很重要！讀寫與計算是學力的基礎

接下來是保留足夠的時間進行親子溝通。孩子們一旦遇到不懂的事情，就會想要追根究抵，希望養出好奇心旺盛的孩子，平日就少不了頻繁的溝通。

舉例來說，星期天去圖書館或植物園逛逛，或是去球場看比賽；遇到連休假期，推薦全家人出們旅遊。家長也可以帶孩子去震災重建的現場或當志工等，去各式各樣的場所看看。

「實際走一趟，親身接觸」能夠促使孩子的好奇心轉為積極熱情的力量。

還有一點很重要，那就是讀寫、算術等乍看之下無趣的學科練習，也都能夠有效培養出孩子永不放棄的態度，以及對學習的真摯。

本書在最後的附錄中，特別介紹可當作在玩遊戲的讀寫與算術教材。希望各位家長也能陪著孩子們一起愉快挑戰。

哆啦A夢學習大進擊①
學習方法通用機

■角色原作／藤子・F・不二雄
■原書名／ドラえもんの小学校の勉強おもしろ攻略——必ず身につく学習法
■漫畫審訂／Fujiko Pro
■漫畫／三谷幸廣
■日文版撰文、審訂／濱學園
■日文版封面設計／橫山和忠
■日文版頁面設計、排版／東光美術印刷
■插圖／岩井賴義
■日文版撰文協作／石川遍、永須徹也
■日文版編輯協作／和西智哉（Caribiner）
■翻譯／黃薇嬪

發行人／王榮文
出版發行／遠流出版事業股份有限公司
地址：104005 台北市中山北路一段 11 號 13 樓
電話：(02)2571-0297 傳真：(02)2571-0197 郵撥：0189456-1
著作權顧問／蕭雄淋律師

2023 年 11 月 1 日 初版一刷　2024 年 6 月 5 日 初版三刷
定價／新台幣 350 元（缺頁或破損的書，請寄回更換）

ISBN 978-626-361-269-3
YLib 遠流博識網 http://www.ylib.com　E-mail:ylib@ylib.com

◎日本小學館正式授權台灣中文版
●發行所／台灣小學館股份有限公司
●總經理／齋藤滿
●產品經理／黃馨瑝
●責任編輯／李宗幸
●美術編輯／蘇彩金
DORAEMON NO GAKUSHU SERIES
DORAEMON NO SHOGAKKO NO BENKYO OMOSHIRO KORYAKU—
KANARAZU MI NI TSUKU GAKUSHUHO
by FUJIKO F FUJIO

※ 本書為 2014 年日本小學館出版的《小学校の必ず身につく学習法》台灣中文版，在台灣經重新審閱、編輯後發行，因此少部分內容與日文版不同，特此聲明。

國家圖書館出版品預行編目資料(CIP)

學習方法通用機 / 藤子・F・不二雄漫畫角色原作；日本小學館編
輯撰文；黃薇嬪翻譯. -- 初版. -- 臺北市：遠流出版事業有限
公司, 2023.11
面；　公分. --（哆啦A夢學習大進擊；1）
譯自：ドラえもんの小学校の勉強おもしろ攻略：
必ず身につく学習法
ISBN 978-626-361-269-3（平裝）

1.CST: 學習方法　2.CST: 讀書法

521.1　　112015090